빅데이터
소사이어티

지은이

마르크 뒤갱Marc Dugain

미국에서 운송업에 종사하다가 소설가로 전업했다. 잡지 《레제코 위켄드Les Echos WEEK-END》에 시사평론을 쓰고 있으며, 영화감독이자 시나리오 작가이기도 하다. 1998년 첫 소설인 《관리들의 방La Chambre des officiers》으로 무려 열여덟 개의 상을 수상하면서 평단의 주목을 받았다. 지은 책으로 《영국식 들판Campagne anglaise》《산처럼 행복한 프랑스 남자Heureux comme Dieu en France》《대통령을 갈아치우는 남자》 등이 있다.

크리스토프 라베Christophe Labbé

프랑스 주간지 《르 푸앵Le Point》의 탐사 보도 기자이다. 국방, 경찰, 정보활동 문제를 전문으로 다룬다. 지은 책(공저)으로 《보보 광장Place Beauvau》《대통령의 스파이L'espion du Président》《정의라는 이름의 시한폭탄Justice, la bombe à retardement》 등이 있다.

L'homme nu by Marc Dugain et Christophe Labbé

© Editions Plon, un departement d'Edi8, 2016
© Editions Robert Laffont, 2016

Korean translation copyright © Bookie Publishing House, Inc, 2019
This Korean edition was published by arrangement with Editions Plon through Sibylle Books Literary Agency, Seoul

빅데이터
소사이어티

L'homme nu

마르크 뒤갱 · 크리스토프 라베 지음

김성희 옮김

부·키

옮긴이

김성희는 부산대학교 불어교육과와 동대학원을 졸업하고 현재 전문 번역가로 활동하고 있다. 옮긴 책으로는 《우유의 역습》《철학자들의 식물도감》《마취의 시대》《대단하고 유쾌한 과학 이야기》《부엌의 화학자》《인간의 유전자는 어떻게 진화하는가》《죽는다는 것은 무엇인가》《예술의 기원》《생의 마지막 순간 나는 학생이 되었다》《심플하게 산다》《방랑자 선언》《세상에는 없는 미술관》《착각을 부르는 미술관》《세상을 바꾼 작은 우연들》 등이 있다.

빅데이터 소사이어티

2019년 7월 23일 초판 1쇄 인쇄 | 2019년 7월 30일 초판 1쇄 발행

지은이 마르크 뒤갱·크리스토프 라베 | 옮긴이 김성희
펴낸곳 부키(주) | 펴낸이 박윤우
등록일 2012년 9월 27일 | 등록번호 제312-2012-000045호
주소 03785 서울 서대문구 신촌로3길 15 산성빌딩 6층
전화 02) 325-0846 | 팩스 02) 3141-4066
홈페이지 www.bookie.co.kr | 이메일 webmaster@bookie.co.kr
제작대행 올인피앤비 bobys1@nate.com
ISBN 978-89-6051-728-8 03300

이 도서의 국립중앙도서관 출판예정도서목록(CIP)은 서지정보유통지원시스템 홈페이지(http://seoji.nl.go.kr)와 국가자료공동목록시스템(http://www.nl.go.kr/kolisnet)에서 이용하실 수 있습니다.(CIP제어번호: CIP2019026169)

프롤로그

현재 우리는 온갖 데이터의 수집과 처리가 세상을 좌우하게 될 시대를 앞두고 있다. 인류 역사상 전례 없는 정보 생산이 이루어지게 될 것이다. 이는 20세기 초에 석유가 에너지 분야에서 일으킨 혁명에 비견될 만한 일이다.

이 디지털 혁명은 우리의 생활을 더 많은 정보와 더 빠른 접속으로 이끄는 데 그치지 않는다. 우리를 투명하게 들여다보이는 자발적 노예 상태로 몰아가며, 최종적으로는 프라이버시의 실종과 자유의 불가역적 포기라는 결과를 가져온다. 디지털 혁명은 달콤한 약속과 부인할 수 없는 매력을 앞세워 대부분 미국 기업인 몇몇 글로벌 기업, 그 유명한 '빅데이터big data 기업들'을 위해 개인을 벌거벗기는 작업을 진행해 왔다.* 우리가 살아가는 사회를 근본적으로 바꾸어 우리를 완전히 종속시키려는 것이 그들의 의도다.

---

* 빅데이터란 디지털 환경에서 생성되는 방대한 양의 데이터, 혹은 이 데이터로부터 가치를 추출하는 기술을 일컫는다.

모든 일은 1980년대 중반에 미군의 연구실에서 시작되었다. 오늘날 전 세계에 문어발처럼 뻗어 있는 불멸의 통신 시스템, '인터넷'이 그곳에서 개발되었기 때문이다. 이 디지털 네트워크는 이동통신과 더불어 엄청난 성장을 거듭했고, 우리가 타인과 관계를 맺는 방식까지 크게 바꾸어 놓았다.

우리는 살아가는 매 순간 자신의 건강, 심리 상태, 계획, 활동에 관한 정보를 만들어 낸다. 간단히 말해 '데이터'를 생성하는 것이다. 이렇게 생성된 데이터는 고도의 저장력과 계산력을 갖춘 컴퓨터에 의해 수집되고 처리된 뒤, 상관관계의 분석에 이용된다. 빅데이터의 목적은 사회를 예측 불가능성과 우연의 힘에서 벗어나게 하려는 것 이상도 이하도 아니다. 지금까지 인구 집단에 대한 통계적·확률적 추론은 표본의 크기가 크든 작든 해석을 달리할 여지가 어느 정도 있었다. 그러나 빅데이터 혁명과 함께 임의적 추론은 점차 사라지고, 인터넷 접속 인구의 95퍼센트가 양도를 수락한 개인적 데이터로 분석된 디지털 진실이 그 자리를 차지하게 되었다. 몇 년 후면 더 많은 상관관계에 기초해 '모두에 대해 모두 다 아는' 일이 가능해질 것이다. 특히 보건 분야는 빅데이터의 영향으로 가장 빠르게 변화할 것이다. 자동차에 내장된 컴퓨터가 차량 상태를 계속 점검하듯이 접속 기술을 통해서 개인의 건강을 지속적으로 살펴 뇌경색이나 뇌졸중의 위험 신호를 사전에 감지하고, 네티즌의 반응을 살피고 분석해 전염병의 유행을 예측한다. 더 건강한 삶에 대한 약속은 프라이버시 침해라는 대가를 달게 받아들이게 만든다.

하지만 디지털 데이터 혁명이 의학에만 국한되어 일어나는 것이 아니다. 이 혁명은 인간과 관련 있는 모든 것에 닿아 있다. 인간에 관해 낱낱이 알아내면 생각지도 못한 기발한 상관관계까지 밝힐 수 있기 때문이다. 인간과 기계에 의해 생성되는 정보의 95퍼센트를 이용할 수 있는 세상에서 이제 추론은 표본이 아니라 온전한 지식을 근거로 이루어진다. 따라서 모든 접속 순간은 더 많은 데이터를 수집하기 위한 기회로 활용된다. 인터넷 검색, 전화, 시계, 카메라, 각종 사물인터넷 기기 등, 개개인이 가능한 한 많은 데이터를 생성하도록 유도하는 사회가 만들어지고 있다. 이러한 정보 수집은 대개 아무런 비용 지불 없이 이루어져 이미 거대한 시장을 탄생시켰다. 이제 회사들은 소비자들의 습성, GPS 기록, SNS(Social Network Service)에서의 인간관계 같은 정보들을 서로 교환하고 공유한다. 가장 규모가 큰 데이터 브로커, 즉 디지털 데이터 시장의 중개자는 물론 미국이다. 미국 최대의 데이터 전문 기업인 액시엄만 해도 7억 명에 이르는 세계 인구에 대한 자세한 정보를 보유하고 있다. 우리와 우리 주변에 관한 절대적 지식이 무한한 가능성을 지닌 시장을 열어 준 것이다.

그런데 경이적인 발전에는 이면이 있기 마련이다. 석유는 우리에게 현대성을 선사했으나, 150년간의 화석 연료 사용은 환경 파괴라는 부작용을 가져왔다. 오랫동안 절대적 재화로 여겨졌던 그 자원이 이제는 지구의 근본적 균형과 인류의 번영을 위협하고 있다. 원자력도 마찬가지다. 에너지와 건강 분야에서 혁신을 일으킨 자원이지만, 다른 한편으로는 인류를 짓누르는 파멸의 위협이 되었다.

빅데이터가 인류 역사에 유례없는 과학 지식의 발전을 가져올 것은 분명하다. 빅데이터 기업들로부터 재정 지원을 받고 있는 트랜스휴머니즘transhumanism*은 이미 우리에게 '증강 인간augmented human'을 약속하고 있다. 100년이나 200년 뒤에는 한 개인에 관한 수십억 데이터를 이용해 그 사람을 그대로 다시 만들어 내는 일도 아마 가능해질 것이다. 심지어 구글은 인간에게 수집한 온갖 건강 정보를 바탕으로 죽음에 도전하겠다는 야심까지 품었다. 기계가 인간을 구원할 것이라는 발상과 빅데이터 기술이 맞물리면서, 언젠가는 죽음이라는 본원적 재앙을 물리치고 불멸의 삶에 도달하리라는 꿈이 자라나고 있다.

그러나 디지털 혁명이 약속하는 더 나은 삶이란 큰 대가가 따르는 것임을 잊어서는 안 된다. 빅데이터 사회에서 인간은 언

---

* 트랜스휴머니즘은 과학 기술을 이용하여 인간의 신체적·정신적 능력을 개선할 수 있다고 믿는 신념 혹은 운동이다.

제나 접속 상태에 놓인 채, 자신에 관한 정보를 끊임없이 수집하는 자들의 시선에 완전히 노출된 삶을 살아야 한다. 살아가는 내내 우리의 모든 사생활, 습관, 행동, 상업적·심리적·이념적 프로필이 개인 파일에 기록되는 것이다. 결혼 전에 미래의 배우자에 관한 모든 자료를 제공해 주는 업체가 등장할 날도 멀지 않았다. 소비와 지출 습관, 음주 태도, 성적 취향, 유전 정보, 암이나 신경증 발병 위험 등, 그 사람의 모든 것을 알 수 있다는 뜻이다. 그 같은 정보에 입각해 개인의 행동을 예측하는 일도 곧 가능해질 것이다. 비난받을 만한 행동도 물론 예측 대상에 포함된다. 모든 개인에 대한 감시가 사회의 원칙이 되어 가는 모양새다. 새로운 범주의 주변인이 되는 것을 감수하지 않는 한, 그 감시에서 벗어날 수 있는 사람은 거의 없다. 건강, 장수, 안전이라는 공식적인 구실을 내세워 투명성을 요구하는 사회에서 벌거벗겨진 인간이 저항할 힘을 찾기는 어려울 것으로 보인다.

정보기관들은 빅데이터 사회를 개인들의 통제를 위한 기막힌 기회로 지체 없이 받아들였다. 안전이 정치의 핵심 주제가 되고 테러리즘이 우리 삶에 대한 중대한 위협으로 선포되면서 디지털 업계가 정보기관의 비호를 받게 된 것이다. 더구나 빅데이터 시장은 구글, 애플, 마이크로소프트, 아마존 같은 크게 앞선 몇몇 대기업들이 장악하고 있어서 그러한 관계가 더 쉽게 형성되었다. 오늘날 전화, 이메일, 인터넷, GPS를 사용하거나 감시 카메라에 잡히는 이동을 하는 이상은 정보기관의 표적 감시를 피하는 것이 불가능하다.

조지 오웰이 《1984》에서 그려 낸 독재는 익히 알려진 독재 정치 모델, 즉 폭력성이 동반되는 전제 정치에서 영감을 얻은 것이었다. 그런데 빅데이터 사회는 훨씬 교묘하면서 고통이 없는 방식으로 사람들을 통제한다. 데이터 축적에 상업적 데이터베이스를 제공하는 것 말고는 다른 목적이 없다 해도, 막상 누군가가 범죄 용의자가 되면 정보기관은 그 자료를 마음껏 뒤질 수 있다. 장례식장에서 유족에게 유골함과 함께 고인이 생전에 남긴 디지털 데이터를 넘겨주게 되는 날도 조만간 올지 모른다. 의료 기록, 소비 습관, 희로애락의 순간, 성적 취향과 지적 취향 등, 고인의 삶이 두서없이 담긴 데이터 일체가 유족에게 전달되는 것이다.

우리의 일상 곳곳에 자리한 기술과 그 기술에 대한 우리의 이해 사이의 격차는 20세기 초부터 점점 더 벌어져 왔다. 대중은 문제의 기술에 얽힌 쟁점들과는 동떨어져 있으며, 정보도 잘 제공받지 못한다. 업계가 스스로에게 경제적으로 득이 되는 불투명성을 선호하기 때문이다. 빅데이터가 가져다주는 당장의 이득은 정보 시스템의 자발적 노예화라는 인류 역사상의 중대한 변화를 보지 못 하게 하는 가림막이 되고 있다.

디지털 혁명의 유익성은 빅데이터 기업들이 충분히 열심히 알리고 있으니 여기서 굳이 거론할 필요가 없을 것이다. 따라서 우리는 디지털 혁명의 긍정적 효과에 대한 이야기는 건너뛰고, 디지털 혁명이 개인의 자유와 사생활에 가하는 은밀한 위협에 대해서, 좀 더 넓게는 디지털 혁명이 민주주의에 미치는 위험에 대해서 바로 살펴보기로 하자. 파시즘과 공산주의는 수백만 명의 인간을 망가뜨렸지만, 인류를 변화시키거나 투명한 존재로 만드는 데까지 이르지는 않았다. 빅데이터 사회에 의해 벌거벗겨진 인간은 당장은 아무 고통이 없는 철창에 갇혀 있는 것과 같다. 이번 세기가 끝나기 전에 인간은 신체적·경제적으로 덜 불안하고 시간적으로도 연장된 삶을 자유와 맞바꾸는 시스템에 정신적으로나 물질적으로나 완전히 종속될 것이다. 이는 눈에 보이는 어떤 강압이나 폭력도 없이 세계를 손아귀에 넣은 한 산업의 마키아벨리적 성공이다.*

---

* 16세기의 이탈리아 정치가 마키아벨리는 《군주론》에서 지배자가 권력과 성공을 쟁취하려면 비도덕적인 방법을 동원할 필요가 있다고 역설했는데, 이 때문에 '마키아벨리적'이라는 말은 '권모술수에 능한'이라는 부정적 의미로 통한다.

차례

세상의 새로운 지배자들이 제안하는 혜택은 너무 매력적이어서 사람들은 그에 저항하려고 하지 않는다. 그러나 자유를 되찾고 싶다면 빅데이터 기업들의 말을 그대로 믿어선 안 된다. 자유가 꼭 필요한 것이 아니라면 그들을 얼마든지 믿어도 좋다.

테러리즘과 빅데이터

빅데이터 기업이 역설적으로 테러를 부추긴다

> "독재자와 싸울 필요도, 독재자에게 저항할 필요도 없다. 민중이 그에게 종
> 속되는 것에 동의하지만 않으면 그는 스스로 무너진다. 독재자한테서 무엇
> 을 빼앗을 게 아니라, 그저 그에게 아무것도 주지 않으면 된다."
> _에티엔 드 라 보에티, 《자발적 복종》

2001년 9월 11일 뉴욕 세계무역센터 쌍둥이 빌딩
을 폭파한 이른바 9·11 테러는 인류를 총체적 감시의 시대에 들
어서게 했다. 미국 본토가 공격받을 때까지 아무것도 몰랐다는
사실에 화가 나고 자존심이 상한 조지 W. 부시 정부가 테러 감시
를 명목으로 전 세계를 도청하기 시작했기 때문이다. 이는 전자
감시 업계에는 매우 감사한 일이었다. 그러나 9·11 테러 사건 이
후 구축된 디지털 감시망도 미국 땅에서 벌어진 새로운 테러들을
막지는 못했다. 2009년 11월 텍사스 미군 기지에서 급진적인 무
슬림 군의관이 동료 군인들에게 무차별 사격을 가해 13명이 사망
한 사건, 2013년 4월 보스턴 마라톤 대회 중에 발생한 폭탄 테러

사건, 2015년 12월 샌버너디노에서 다에시Daesh*를 추종하는 한 부부가 시민 14명을 죽인 총기 난사 사건 등 테러는 계속되었다. 이는 국민이 자유를 침해받는 엄청난 대가를 치른 것에 비해 감시의 효율성은 그다지 크지 않았다는 이야기다. 게다가 미국 정부는 시민 단체의 반발과 압력에 밀려 일부 감시망을 풀어야만 했다.

하지만 유럽은 NSA(National Security Agency, 미국국가안전보장국)의 절대적 감시 체계를 효과적인 대테러 방안으로 보고 있으며, 그래서 미국 보안업체에 대한 의존도가 커지는 것을 감수하고서라도 이를 도입하겠다는 입장이다. 특히 프랑스에서 2015년 1월과 11월에 각각 일어난 샤를리 에브도Charlie Hebdo 테러와 파리 폭탄 테러는 그 같은 생각을 더 굳혀 주었다. 과학 기술을 이용한 감시를 여러 무기 중 하나로 보는 것이 아니라 요술 지팡이쯤으로 여기게 된 것이다. 사실 프랑스의 정보기관들은 1995년 이후 17년간 자국에서 모의된 모든 테러 계획을 성공적으로 무산시켰다. 그러나 2012년, 총기 테러범 모아메드 메라가 몽토방에서 군인들을 죽인 데 이어 툴루즈의 유대인 학교에서 민간인까지 죽이는 사건이 일어났다. 2008년에 니콜라 사르코지의 개혁으로 창설된 DCRI(Direction Centrale du Renseignement Intérieur, 국내중앙정

---

*   이슬람 극단주의 무장 단체 '이슬람국가is'를 폄하해 이르는 말이다. 테러리즘 단체를 국가로 칭하는 것을 용납하지 않겠다는 뜻에서 미국을 비롯한 여러 나라에서 쓰이는 멸칭이다.

보국)의 시스템이 제 역할을 못 한 것이다. 나중에 DGSI(Direction Générale de la Sécurité Intérieure, 국내안보총국)로 바뀌게 되는 DCRI는 기존 대對간첩 조직인 DST(Direction de la Surveillance du Territoire, 국토감시국)와 경찰 정보 조직인 RG(Renseignements Généraux, 일반정보국)를 합친 기관이었다. 그런데 전문가가 볼 때 이 강제적 통폐합은 RG가 위력적인 국내 감시망을 통해 잘 수행해 온 근접 정보활동에 치명타를 가하는 일이었다. 실제로 프랑스는 2012년 3월에 일어난 모아메드 메라의 테러 사건부터 130명의 사망자와 300명이 넘는 부상자를 낳으며 프랑스 최악의 테러로 기록된 2015년 11월의 파리 테러 사건 사이에 지하드[*] 테러를 수차례 겪었다. 2014년 12월 주에레퇴르에서 일어난 경찰관 피습, 2015년 1월 샤를리 에브도 본사에서 벌어진 총기 난사, 역시 2015년 1월 파리의 유대인 식품 전문 슈퍼마켓에서 발생한 인질극, 2015년 6월 리옹 근교 가스 공장에서 일어난 폭발과 참수 테러, 2015년 8월 파리행 고속열차 탈리스에 무장 괴한이 침입한 사건까지, 이 모두가 지하드를 표방한 자들의 테러 행위다. 2015년에는 지하드 지지자가 교회 테러를 저지르기에 앞서 체포되긴 했지만, 이는 그가 실수로 자기 다리에 총을 쏜 뒤 병원에 갔다가 의료진의 신고로 발각된 것이었다. 또한 2015년 11월 파리 테러 닷

---

[*] 지하드는 '성전聖戰'이라는 뜻으로, 이슬람교의 신앙을 전파하거나 방어하기 위해 벌이는 투쟁을 이른다.

새 뒤에 생드니에서 또 다른 테러를 준비하던 테러 총책 압델하미드 아바우드가 검거된 것도 평범한 마약 거래 감시 중에 입수된 정보 덕분이었고 말이다. 파리 테러에 사용된 폭탄을 제조한 살라 압데슬람이 벨기에에서 체포된 것 역시 한 제보자의 '귀띔' 덕분이었다.

그럼에도 프랑수아 올랑드 정부는 인적 첩보 및 테러 조직 잠입 활동에 피해를 줘 가면서 전자 정보활동을 강화하는 데 몰두했다. 전자 감시가 얼마나 효과적인지는 따져 보지도 않고, 그저 테러를 막지 못하는 일이 생길 때마다 그 실패를 근거 삼아(그리고 핑계 삼아) 감시망을 확대하고 강화하는 식이었다. 그 결과 정보의 양은 계속 늘어났지만 정보의 질은 그에 미치지 못했다. 프랑스에서 일을 벌인 거의 모든 테러범이 정보기관에 의해 이른바 'S파일'로 분류되어 있었음에도, 인적 정보활동에 대한 투자가 축소되는 바람에 60여 명의 요주의 인물을 집중적으로 관리하는 일이 제대로 이루어지지 못한 것이다. 전 NSA 요원인 윌리엄 비니도 최근에 그 사실을 지적한 바 있다. "범죄를 저지른 사람을 찾는 게 목표라면 전 세계 사람들에 관한 데이터를 닥치는 대로 수집하는 게 도움이 될 것이다. 하지만 테러를 사전에 막는 것이 목표라면 그건 좋은 방법이 아니다."[1] 그리고 비니는 이렇게 덧붙였다. "데이터를 논리적으로 분석하되, 특정 지역과 특정 인물에 분석을 집중하는 것이 좋다. 의심이 가는 사람, 알려진 테러범 같은 자들 말이다."

미국은 테러와의 전쟁에 디지털 기업들을 동원하면서 '정보 권infosphere'*을 통제하는 중요한 패도 손에 쥐게 되었다. 그런데 아이러니한 사실은 빅데이터 기업이 본의 아니게 이슬람 급진주의의 불길에 부채질을 해 왔다는 것이다. 테러범들이 죽인 사람의 수보다 인터넷을 통해 번지는 테러 행위에 대한 관심이 세상을 더 위험하게 만들기 때문이다. 빅데이터 기업들은 의도한 바는 아니겠지만 우리 사회 깊숙이 테러의 파장을 퍼뜨리고 있으며, 덕분에 이제 사람들은 민주주의가 용인하고 있는 만성적 폭력에 대해서는 크게 동요하지도 않는다. 미국에서 2001년부터 2013년까지 테러로 3000명이 희생되는 동안 40만 명의 목숨을 앗아 간 총기 사고를 두고 하는 소리다.

다에시는 알카에다**보다 훨씬 많이 인터넷을 활용한다. 다에시의 폭력적 이데올로기가 세계적으로 유포될 수 있었던 것도 SNS 덕분이다. 프랑스 지하드 대원 모집책으로 활동한 세네갈계 프랑스인 오마르 옴센(본명은 오마르 디아비, 2015년 8월 사망)이 만든 선전 영상은 페이스북을 타고 확산되면서 수십만에 이르는 조

---

* 'infosphere'는 'information'과 'sphere'가 더해진 용어로, 생물이 서식하는 지구 환경을 일컫는 생물권biosphere에 빗대어 정보로 이루어진 전 지구적 환경을 가리킨다.
** 빈라덴이 조직한 국제 테러 조직.

회 수를 기록했다. SNS가 없었다면 다에시가 인터넷의 힘을 이용해 방황하는 젊은이들을 자석처럼 끌어당겨 전 세계에서 수천 명의 대원을 모집하는 성과를 거두지는 못했을 것이다(뒤에서 이야기하겠지만 여기에는 '다크넷Darknet'도 일조했다). 현재 프랑스에서는 지하드 사이트에서 인질 처형 영상을 보는 것이 범법 행위에 해당하지만, 마음만 먹으면 구글과 페이스북을 통해 얼마든지 해당 영상을 찾아서 볼 수 있다. 이 기업들은 공식적으로 밝히는 것과는 달리 검열자로서의 역할을 꺼리기 때문이다. 따라서 현재 빅데이터 기업들은 지하드 테러를 막으려는 국가 기관에 정보를 물어다 주는 역할과 지하드를 전 세계에 홍보하는 역할을 동시에 하고 있다. 속된 말로 '누이 좋고 매부 좋은' 상황인 셈이다.

빅데이터로 본 세상

빅데이터를 지배하는 자가 세계를 지배한다

"중국에서는 이미 미국을 어제의 지배 국가로, 구글을 내일의 지배 국가로 간주한다."

_샤를 에두아르 부에, 전략 컨설팅 기업 롤랜드버거 대표, 2014. 9.

2014년 초, 글로벌 광고 기업 아바스의 CEO 야니크 볼로레가 구글 경영진을 만나기 위해 샌프란시스코를 찾았다. 그리고 몇 달 뒤 이 프랑스 억만장자는 파리에서 열린 빅데이터 심포지엄[2]에 참석한 기업 대표들 앞에서 자신의 미국 방문기를 들려주었다. "비행기가 착륙해 휴대전화를 다시 켰더니 문자가 한 통 오더군요. 제가 묵을 호텔 근처의 어느 일식집에서 연어 스시를 15퍼센트 할인해 준다는 내용이었습니다. 깜짝 놀랐죠. 연어 스시는 제가 좋아하는 메뉴거든요. 그래서 다음 날 마운틴뷰에 있는 구글 본사에 갔을 때 그 이야기를 했어요. 도대체 누가 어떻게 알고 그 광고 문자를 나한테 보냈는지 모르겠다고요. 그랬

더니 거기 사람들이 이러는 거예요. '우리가 보냈죠! 대표님이 도
착했을 때 대표님의 위치를 파악하고, 대표님의 일정과 메일을 모
니터링하고, 대표님이 투숙할 호텔과 대표님이 연어 스시를 좋아
한다는 사실을 확인한 다음, 호텔 주변 식당에 대한 맞춤 광고를
실시간으로 보내 드린 겁니다. 느끼셨겠지만 아주 굉장한 기술이
죠.' 제가 그런 건 사생활 아니냐고 했더니 이러더군요. '아, 그렇
긴 하죠. 역시 유럽에서는 프라이버시를 많이 따지네요.' 전 생각
했습니다. 무작정 거부하기보다는 일단 부딪쳐 보면서 상식을 믿
어 보자."

현재 전 세계에서 1분마다 약 30만 건의 트윗과 1500만 건의
문자 메시지, 2억 400만 건의 메일이 전송되고, 200만 개의 키워
드가 구글 검색 엔진에 입력된다. 컴퓨터와 스마트폰 하나하나가
빅데이터 기업이라는 문어가 우리의 개인 정보를 수거해 가기 위
해 뻗치는 촉수와도 같다. 언론, 통신, 금융, 에너지, 교통, 의료, 보
험 등 어떤 분야도 이 흡입 작용에서 벗어날 수 없다. 게다가 정보
의 대부분을 네티즌 스스로 제공한다. 우리가 구매했거나 구매하
고 싶은 것, 우리가 매일매일 소비하는 것과 하는 일, 우리의 건강
상태, 운전 습관, 애정 생활, 성적 행동, 사상과 견해까지, 전부 다
수집 대상이다. 그 덕분에 2010년부터 인류는 5300년 전 문자의
발명 이후 생성해 온 것에 맞먹는 양의 정보를 단 이틀 만에 생성

하기에 이르렀다. 그리고 그 정보의 98퍼센트는 디지털 형태로 기록된다. 말 그대로 세상이 데이터가 되어 가고 있다. 가족사진, 음악, 거장의 그림, 사용 설명서, 행정 서류, 영화, 시, 소설, 요리법 등등, 모든 것이 데이터로 존재한다. 인간의 삶을 아주 세세한 부분까지 매개변수로 나타낼 수 있는 시대가 온 것이다.

인터넷에 존재하는 데이터의 70퍼센트는 사용자가 직접 생성하지만, 그 데이터로 돈을 버는 것은 민간 기업이다. 애플, 마이크로소프트, 구글, 페이스북이 대표적으로, 이 기업들이 인류의 디지털 개인 정보 중 80퍼센트를 보유하고 있다. 데이터 시장은 새로운 '블랙 골드'가 솟는 유전油田이다. '빅데이터'라는 말이 사전에 등장한 시점은 2008년인데, 2013년에 빅데이터 시장이 올린 수익이 89억 달러에 달한다. 2018년 기준, 세계 빅데이터 시장의 실제 매출은 420억 달러를 넘어섰다.

GAFA로 불리는 4대 글로벌 디지털 기업(구글·애플·페이스북·아마존)은 거의 10년 만에 디지털 세계 전체를 장악하는 데 성공했다. 소위 '일곱 번째 대륙'을 정복한 이 기업들은 미국이라는 초강대국의 새로운 화신이다. 그동안 미국은 석유 산업의 수익을 국익과 엮는 한편, 타국의 쿠데타 조종(파나마), 타국의 게릴라 조직에 대한 물자 및 재정 지원(니카라과), 대외적 군사 개입(이라크) 등을 기반으로 경제적 패권을 지켜 왔다. 디지털 대기업들의 등장은 미국이 여기서 한발 더 나아가게 만들었다. 산업의 이익과 국가의 이익이 서로 얽히는 정도가 아니라 아예 하나로 합쳐진 것이다. 세계에서 가장 강대한 국가와 데이터 과학에 의해 생겨난 산업 집단의 결합은 모종의 새로운 실체를 탄생시키는 중이다. 세계화에 의해 싹튼 이 변종적 권력은 말 그대로 인류의 '리모델링'을 열망한다.

전 세계 인터넷 트래픽을 총괄하는 '루트 서버root server'[*]는 13개가 있는데,[3] 이를 관리하는 12개 기관 중 아홉 곳이 미국 소속이다. 그 덕분에 미국은 웹 시장의 명부를 손에 쥐고서 전 세계 사람들의 인터넷 접속지와 접속 목적에 관한 정보를 대량으로 수집하고 있다. 도메인 네임을 할당하는 곳도 캘리포니아에 본부를 둔, 미국 상무부 산하 기관 아이칸ICANN(Internet Corporation for Assigned Names and Numbers, 국제인터넷주소관리기구)이다.

오늘날 빅데이터를 지배하는 곳은 미국이다. 빌 게이츠나 페이스북의 CEO 마크 저커버그 같은 사람들은 새로운 록펠러라고 할 수 있다.[**] 미국 정부가 그들에게 디지털 유전의 채굴과 저장, 정제를 맡겼기 때문이다. 인류 역사에서 이토록 소수의 개인에게 이

---

[*] 　루트 서버는 인터넷 도메인 네임 시스템의 뿌리와 같은 것으로, .com, .net 같은 최상위 도메인 네임의 공식적인 목록을 관리한다. 가령 이 목록에서 .com을 삭제하면 전 세계의 .com 도메인에 접속할 수 없다.

[**] 　록펠러John Rockefeller는 석유 사업으로 대부호가 된 미국의 사업가다.

토록 많은 권력과 부가 집중된 적은 없었다. 디지털 사회가 극단적인 파두세*를 낳은 것이다. 게다가 석유와 달리 데이터는 비고갈성 자원으로, 디지털 송유관에서 무한정 뿜어져 나온다. 현재 이용 가능한 데이터의 90퍼센트가 최근에 생성된 것들이다.

'알파벳'이라는 모회사를 설립해 지주회사 체제로 전환한 미국의 구글은 15년도 안 걸려서 세계에서 가장 큰 기업이 되었다. 2016년 기준 구글의 시가총액은 5447억 달러로, 석유 대기업 엑슨모빌의 거의 두 배에 달한다. 알파벳의 뒤를 쫓고 있는 기업들 역시 빅데이터 계열의 애플, 마이크로소프트, 페이스북이다. 엑슨모빌은 2011년만 해도 세계 시가총액 1위를 차지했지만 2016년에는 6위로 밀려났다. 애플과 알파벳이 깔고 앉아 있는 현금만 해도 2890억 달러나 된다!

데이터라는 자원의 부가가치는 석유 산업에서와 마찬가지로 정제 단계에서 만들어진다. 일단 최대한 많은 정보를 컴퓨터에 주입한 다음, 정교하고 복잡한 알고리즘으로 정제된 데이터를 얻는 것이다. 어마어마한 용량의 메모리와 갈수록 강력해지고 있는 프로세서 덕분에 가능해진 정보 처리 기술이다. 구글 같은 회사는 이 작업을 위해 많은 컴퓨터 클러스터computer cluster**를 세계에 구

---

* 소수의 사람이나 집단이 사회의 정치적·경제적 권력을 독점하고 행사하는 정치 체제.
** 여러 대의 컴퓨터를 연결해 하나의 고성능 컴퓨터처럼 작동하게 만든 시스템.

축해 놓고 있다. 정확한 숫자는 비밀에 부쳐져 있지만, 최소 45개는 될 것으로 보인다. 일련의 서버로 세계 인터넷 트래픽을 수집하는 이 거대한 데이터 센터들 각각은 인구 4만의 미국 도시 하나에 맞먹는 전력을 소비한다. 그리고 이 모든 게 친환경과는 거리가 멀다. 2012년에 구글은 연간 이산화탄소 배출량이 150만 톤에 달한다는 것을 인정했는데, 이는 부르키나파소 같은 나라가 1년간 배출하는 탄소의 양과 비슷한 수준이다. 실제로 구글의 검색 엔진은 세계 최대 도서관인 미국 의회도서관에 저장된 데이터의 1000배에 달하는 24페타바이트*의 데이터를 매일 처리한다.

데이터는 정제될수록 가치가 높아지며, 필터링의 정도는 알고리즘의 특성에 따라 달라진다. 구글 자체도 공동 창업자 세르게이 브린과 래리 페이지가 1998년에 개발한 '페이지랭크'라는 알고리즘에서 탄생했다. 이 혁신적인 알고리즘 덕분에 구글은 세계 인터넷 검색 시장의 70퍼센트를 점유한 보편적 검색 엔진이 되었다. 유럽에서는 네티즌의 검색 90퍼센트가 구글 검색을 통해 이루어진다.

'가보르의 원칙'을 아는가? 홀로그래피의 발명자로서 1971년 노벨 물리학상을 받은 헝가리 물리학자 데니스 가보르가 말한 원칙인데, 이는 빅데이터 기업의 율법과도 같다. "기술적으로 실현

---

*   1페타바이트는 1024테라바이트 또는 1125조 8999억 684만 2624바이트에 해당한다.

가능한 모든 것은 그 실현이 도덕적으로 옳건 그르건 간에 실현되어야 한다'는 것이다. 따라서 모든 정보는 확보해 두는 편이 좋다. 중요한 것은 수집의 질이 아니라 수집 행위 자체다. 수집의 순간에는 목적성이 없더라도 수집된 정보가 나중에 어떻게 쓰일지 아무도 모르기 때문이다.

소비자에 관한 정보를 수집하는 도구는 애플, 마이크로소프트, 구글, 페이스북의 손에 있다. 그리고 미국 정보기관은 뒷문으로 드나들며 그 정보를 들여다본다. 우리가 생성한 디지털 데이터는 우리에 관한 것이지만 우리 소유가 아니며, 기술 산업을 지배하는 자들이 우리의 데이터를 거저 털어 간다. 우리는 자신의 일부인 디지털 발자국digital footprint*을 도난당하고 있는 것이다. 빅데이터 기업들은 개인을 희생시켜 권력을 구축해 왔다. 물론 그들은 정반대의 주장을 한다. 페이스북의 CEO 마크 저커버그는 SNS에서 자신을 '팔로우'하는 3100만 네티즌에게 모이제스 나임의 《권력의 종말》을 추천한 바 있다. 그가 열정적으로 설명한 바에 따르면, "정부나 군 같은 거대 조직이 쥐고 있던 권력이 어떤 식으로 개인에게 옮겨 가고 있는지"를 다룬 책이다. 저커버그가 볼 때 이제 개인은 국가의 권력에서 자유롭다. 진짜 권력은 더 이상 국가에 집중되어 있지 않고 개인 및 개인들 간의 사회적 유대 관계에

---

* 사람들이 인터넷을 사용하면서 웹상에 남겨 놓는 다양한 디지털 기록을 일컫는다.

있기 때문이다. 특히 페이스북을 통해 맺을 수 있는 관계 말이다.

그렇다, 적은 바로 국가 권력이다. 실리콘밸리의 기업가 대부분은 현재와 같은 형태의 국가를 제거해야 할 장애물로 여긴다. 그들이 두려워하는 대상은 '빅브러더Big Brother'가 아니라 크고 강한 정부 '빅파더Big Father'다. 유명한 자유주의 경제학자 밀턴 프리드먼의 손자이기도 한 전직 구글 엔지니어 패트리 프리드먼은 정부를 '무능한 기업'으로, 민주 국가를 '낙오자'로 간주한다. 현 정치 체제는 경직되어 있고, 사적·공적 정보의 사용이나 거래를 규제하는 법률은 시대착오적이며, 이 모든 것이 발전을 방해한다는 설명이다. 그래서 패트리 프리드먼은 하이테크 기업가들을 국가로부터 분리·독립시키려는 활동을 펼치고 있다. 2008년에 그가 세운 시스테딩 연구소Seasteading Institute의 목적도 국가들의 통치권이 미치지 않는 바다에 '해상 도시국가'를 만드는 것이다. 프리드먼은 억만장자 피터 틸에게서 이미 150만 달러를 투자받았다. 피터 틸은 신용카드 업계의 주요 경쟁 상대가 된 온라인 결제 시스템의 세계적 리더 '페이팔'의 창업자로, 2009년 4월에 자유주의 성향의 싱크탱크*인 케이토 연구소Cato Institute의 웹사이트를 통해 기술과 정치 사이에 '죽음의 레이스'가 시작되었음을 선언한 인물이다. 2013년 가을, 미 연방정부가 예산을 둘러싼 대립으로 일부

---

* 여러 영역의 전문가를 조직적으로 모아서 연구하고 그 성과를 제공하는 조직.

부서를 일시 폐쇄해야 했을 때도 틸은 공격적인 발언을 내놓았다. "기업은 권력을 초월한다. 기업들이 문을 닫으면 주식시장이 무너지지만, 정부가 문을 닫으면 아무 일도 일어나지 않는다. 중요하지 않기 때문에 계속 나아갈 수 있는 것이다. 사실 정부의 마비는 우리 모두에게 좋은 일이다." 피터 틸의 생각은 그가 첫 외부 투자자로 이름을 올린 기업인 페이스북의 생각이기도 하다. 2015년 12월, 마크 저커버그는 자신이 보유한 페이스북 지분 99퍼센트를 '챈 저커버그 이니셔티브Chan Zuckerberg Initiative'라는 자선 재단에 기부하겠다고 떠들썩하게 발표했다. 이 재단은 저커버그가 설립한 것으로, 정관에 따르면 꼭 자선 사업에만 돈을 써야 하는 것이 아니라 민간 기업에도 얼마든지 투자할 수 있다. 재단의 공식적인 목적은 "인류의 잠재력을 향상시키고 평등을 촉진하는 것", 다시 말해 저커버그의 세계관을 전파하는 것이다. 민간 기업을 우선시하고 국가를 불신하는 세계관 말이다.

2013년 10월, "실리콘밸리의 최종 출구Silicon Valley's Ultimate Exit"라는 제목의 강연에 초대된 인터넷 업계의 떠오르는 별이자 전자화폐 비트코인에 대한 전문가인 발라지 스리니바산은 미국이 사양길에 들어서 곧 역사에서 사라질 거대 기업과도 같은 처지가 되었으며, 그러므로 이제는 스타트업* 같은 국가를 만들어야 한다

---

* 실리콘밸리에서 생겨난 용어로, 설립한 지 오래되지 않은 신생 벤처 기업을 뜻한다. 보통 고위험·고성장·고수익 가능성을 지닌 기술·인터넷 기반의 회사를 지칭한다.

고 말했다. "기술 기업이 시대에 뒤떨어지면 사람들은 회사를 개혁하려 애쓰기보다 그곳을 떠나 자신의 스타트업을 새로 차린다! 왜 국가를 두고는 그렇게 하지 않는가?" 래리 페이지도 2014년 5월에 소프트웨어 개발자들이 모인 자리에서 다음과 같이 속내를 털어놓았다. "우리가 할 수 있는 중요하고도 흥미로운 일이 많고 많은데, 불법이라는 이유로 못 하고 있다."

바로 그 지점에서 분열이 발생한다. 디지털 개척자들의 초연한 태도 너머로는 이제는 거추장스러운 것이 되어 버린 민주주의와 결별하려는 의지가 드러나 보인다. 거추장스럽기는 언론도 마찬가지다. "세계의 정보를 체계화해 누구나 접근할 수 있는 유용한 것으로 만든다"라는 구글의 슬로건에도 결국 그 같은 의중이 담겨 있다. 그런데 빅데이터 기업들은 제4권력*에 대해서는 확실한 무력화 수법을 가지고 있다. 상대의 마음을 약하게 만든 뒤 손을 내밀어서 불리한 거래를 맺게 하는 것이다. 가령 프랑스 언론은 6년간 10억 유로에 이르는 광고 수익이 구글로 빠져나가는 것을 본 뒤, 구글 검색 엔진을 통해 노출되는 언론사 뉴스에 대한 사용료를 구글에 요구하고 나섰다. 구글 회장 에릭 슈밋은 법으로 지불을 강제하는 상황에 이르는 것을 피하기 위해 2013년 2월 1일 프랑스를 찾았고, 언론사 대표들과 직접 협상한 끝에 합의를

---

* 입법, 행정, 사법이라는 세 권력에 이어 언론을 이른다.

끌어냈다. 사용료를 지불하는 대신에 "언론의 디지털 혁신을 위한 기금"을 소성해 "정치 및 일반 정보를 다루는 종이 매체의 디지털 전환을 돕는 프로젝트"를 지원하기로 한 것이다. 6000만 유로면 프랑스의 일간·주간 주요 9개 언론사 입장에서는 수지맞는 장사였다. 에릭 슈밋이 마치 국가 원수라도 되는 것처럼 프랑수아 올랑드 대통령과 공식적으로 합의하는 모습까지 보여 주면서 언론의 비판을 누그러뜨린 것도 영리한 전략이었다. 한편, 페이스북은 2015년에 미국, 영국, 독일의 주요 언론사 아홉 곳과 인터넷상에 노출될 기사를 결정하는 특별한 알고리즘에 관계된 협정을 체결했다. 다시 말해, 다른 데서 제공한 이러저러한 정보의 영향력을 페이스북이 자체 논리에 따라 키우거나 키우지 않는 필터 역할을 하겠다는 뜻이다. 마크 저커버그가 우리가 볼 뉴스를 정해 주는 것이다. SNS에서 일부 신문(프랑스의 경우《르 파리지앵Le Parisien》《뱅 미뉘트20 minutes》《파리 마치Paris Match》《레제코Les Échos》)의 내용을 바로 볼 수 있게 해 주는 서비스인 '인스턴트 아티클스Instant Articles'가 바로 이러한 논리로 이루어지는 페이스북의 뉴스 서비스다. 여기에 애플이 가세하면 통제는 한층 더 노골적으로 이루어진다. 예를 들어 애플은 아이패드나 아이폰으로 접근할 수 있는 콘텐츠에 대해 검열권을 행사한다. 외설적이라고 판단되는 사진은 가위질하는 식이다. 그 바람에 애플은 마네의 유명한 누드화 〈올랭피아〉의

에로티시즘을 주제로 제작된 프랑스뮈지크France Musique[*]의 팟캐스트를 애플스토어에서 삭제하면서 질타를 받기도 했다.

빅데이터 기업에게 민주주의는 민주주의의 보편적 가치들과 마찬가지로 구시대적인 발상으로 받아들여진다. 고대 그리스인이 만들어 낸 시민 개념은 퇴장할 때도 되지 않았나! 벨기에 나무르 대학에서 법을 연구하는 앙투아네트 루브루아는 빅데이터 기업들이 "알고리즘적 통치"를 목표로 한다고 본다.[4] "행동을 규제하기보다는 행동의 가능성을 미리 파악하고, 개인의 지적 능력과 의지에 기대기보다는 오직 반사 작용을 유발하는 경고의 방식으로 개인들과 상대하는" 새로운 통치 방식이다.

따라서 빅데이터 기업들에 의해 돌아가는 미래 사회는 민족 국가와 정치인이 사라진 형태가 될 수도 있다. 그 기업들의 말대로 민주주의는 정체되어 있고, 대표를 뽑는 그 체제 역시 마찬가지다. 몇 년 뒤면 빅데이터로 모든 사회적 제안에 대한 개개인의 반응을 실시간으로 알 수 있을 텐데 그때도 4년이나 5년마다 투표하는 것이 의미가 있겠는가? 그럴 가능성은 희박하다. 더구나 국가는 국가의 주된 특권 중 하나인 세금 징수의 특권을 빅데이터 기업을 상대로는 제대로 행사하지도 못하고 있지 않은가? 예를 들어 프랑스에 들어온 빅데이터 기업 대부분은 조세 피난처가

---

* 프랑스의 공영 라디오 방송인 라디오프랑스의 클래식·재즈 음악 채널.

될 만한 룩셈부르크나 아일랜드에 유럽 본사를 두고 있어서 프랑
스 정부에는 세금을 거의 혹은 전혀 내지 않는다. 빅데이터 기업
들이 확인도 안 되는 엄청난 수익을 거두면서 국경의 개념이 사라
진 초세계화 사회를 구축하는 가운데, 데이터의 수집과 처리에 뒤
처진 유럽식 사회 모델은 위기를 맞고 있다.

플라톤의 예언

가상 세계가 현실 세계를 갉아먹고 있다

> "그러니 만약 그들이 서로 말을 주고받을 수 있다면, 자신들 눈에 보이는 그림자를 실제 사물로 여기며 이야기를 나누지 않겠는가?"
>
> _플라톤, 《국가》 제7권

"그렇게 사슬에 묶인 자들은 오로지 그림자로만 사물을 보게 되고, 사물의 그림자를 참모습으로 여기게 될 것이다." 약 2500년 전, 그리스 철학자 플라톤은 《국가》에서 날 때부터 동굴에 갇힌 인간들의 운명에 대해 이야기했다. 밝은 곳으로 가지 못하도록 막는 자들의 감시 속에 벽에 비친 그림자를 실재實在라고 믿으면서 사는 죄수들 말이다. 이 유명한 '동굴의 비유'에서 감시자들은 죄수들이 수동적이고 종속적인 상태로 벽에 비친 세계를 계속 바라보고 있게 만드는 마술사이기도 하다. 죄수들은 벽면에 끊임없이 나타나는 형상들에 홀린 나머지 동굴에서 달아나 자유의 몸이 되려는 욕구마저 상실하게 되는 것이다. 그런데 플라톤의 예언이 현실이 되고 있다. 빅데이터 기업들이 만들어 낸 세상에서 우리는 선에 없이 그림자의 환영幻影에 묶여 살아간다.

지금 우리는 상을 왜곡하는 반투명 거울로 벽면이 뒤덮인 공간에 갇힌 상태와도 같다. 우리 머릿속에서는 거울에 비친 모습이 실제 모습보다 중요한 것이 되었다. 우리가 걸린 병의 증상 중 하나는 기념사진에 열광하는 것이다. 사진을 거의 무한정 찍고 저장해서 세계 곳곳의 사람들과 즉시 공유할 수 있게 해 주는 스마트폰 때문에 생긴 시각적 폭식증이다. 4억이 넘는 사용자를 보유한 사진·영상 공유 애플리케이션 인스타그램에는 하루에 8000만 장의 사진이 올라온다. 중요한 것은 사진 속의 순간 자체가 아니라 그 순간을 디지털 기록으로 남기는 일이다. 현재는 픽셀화된 기억의 형태로만 의미를 갖는다. 페이스북이나 트위터에 사진을 올리지 않을 거라면 킬리만자로에 올라가 봤자 무슨 소용이 있겠는가? 제네바 인근에 위치한 유럽입자물리연구소Laboratoire Européen pour la Physique des Particules가 세계 최대의 입자가속기 LHC(Large Hadron Collider, 대형강입자충돌기)를 가동했을 때, 상상력이 풍부한 일부 사람들은 실험에서 만들어진 블랙홀이 지구를 집어삼키게 될지도 모른다고 생각했다. 다행히도 그런 일은 일어나지 않았다. 그러나 디지털화라는 통제 불능의 현상은 우리도 모르게 세상을 집어삼켜 왔다. 물질적인 현실 세계를 블랙홀처럼 모조리 빨아들이고 있는 것이다. TV가 보급되기 시작한 1950년대에 독일 철학자 귄터 안더스는 그 낯선 물건에 관해 고찰하면서 영상이 가진 자석 같은 힘의 위험성을 예감했다. "환영이 현실이 되면 현실이 환영 같은 존재가 된다"라는 것이 그의 경고였다. 요즘 사람들은 식당에 가서 밥만 먹어도 사진을 찍어 대면서 식당 주인들을 피곤하게 만든다. 음식이 나오면 스마트폰부터 꺼내 촬영한 뒤 그 사진을 SNS에 올리는 병이 세계적으로 유행하는 탓이다. 핵심적인 것, 즉 혀로 맛보는 감동과 밥을 함께 먹는 즐거움은 디지털화할 수 없기 때문에, 요리 자체를 일종의 트롱프뢰유_{trompe-l'œil} 로 만들어 환영을 공유하는 것이다. 가장 중요한 것은 삶의 홀로그램이며, 현실의 영상이 체험보다 우위에 놓인다. '셀카'의 유행을 보고 있자면 플라톤의 동굴 벽면에 비친 그림자들이 절로 떠오른다.

데이터의 포로들은 시간의 신 크로노스의 질주를 정지시켰다는 착각에 빠진 채, 시간의 부스러기를 비둘기처럼 집요하게 쪼아 댄다. 그들은 삶을 만끽하고 있다고 믿지만, 사실은 어디에도 존재하지 않는다. 우리는 가상 세계의 완벽함에 마음을 뺏긴 나머지 현실 세계를 혐오하기에 이르렀다. 현실 세계는 복잡하고, 결핍되어 있으며, 당황스러운 우연성 때문에 예측도 불가능하다. 구글의 온라인 미술관 '아트프로젝트_{Art Project}'를 이용하면 클릭 한 번

---

*   실제의 것으로 착각할 정도로 세밀하게 묘사한 그림.

으로 고해상도로 스캔된 4만 점의 걸작을 볼 수 있는데, 뭐 하러 미술관에 가겠다고 줄까지 서 가면서 시간을 허비한단 말인가? 이미 3000만 명의 네티즌이 다녀간 그 가상 공간에는 세계 150여 개 미술관의 작품이 모여 있으며, 거기서는 70억 픽셀의 고화질 영상으로 구현된 그림들을 자세히 감상할 수 있다. 하지만 이런 게 환영이 아니면 무엇이겠는가? 아트프로젝트는 복제품으로 가득한 가짜 미술관이다. 구글은 우리로 하여금 예술 작품과 더없이 가까이 있다고 믿게 하지만, 우리는 그 어느 때보다 작품에서 멀리 떨어진 채 디테일의 모래 지옥에 빠져 있을 뿐이다. 우리의 뇌를 취하게 만드는 그 비인간적인 정밀도는 어리석은 허세에 지나지 않는다.

영향력 있는 프랑스 예술계 인사 한 명으로 꼽히는 《보자르 매거진Beaux Arts magazine》 편집장 파브리스 부스토는 다음처럼 유감을 표하기도 했다. "그림의 디테일을 본다는 것은 예측을 하고 모형을 만들고 할 수 있는 종류의 일이 아니다. 0과 1에 기초한 픽셀의 문제가 아니라는 말이다. 구글의 가상 미술관에 있는 그림들은 진짜 그림이 아니다. 물론 세세한 붓놀림까지 놀라울 정도로 크게 확대해서 볼 수 있지만, 그런 게 다가 아닌 것이다." 부스토는 덧붙여 이렇게 강조했다. "마찬가지로, 집에 가만히 앉아서 엄청난 양의 작품을 볼 수는 있지만 그 작품들을 만난다고는 할 수 없다. 디지털 복사본이 아니라 실물을 마주할 때 일어나는 그림과 관람객 사이의 화학적 반응이 없기 때문이다. 그런 게 있고 없고는 천지 차이다."⁵ 본질적인 부분은 잘려 나간 피상적인 체험일 뿐이라는 이야기다. 그러나 매혹적인 체험임은 분명하다. 《국가》에서 플라톤은 그림자만 보고 살았던 동굴의 죄수에 대해 다음과 같이 썼다. "그런데 누가 그에게 억지로 불빛을 보게 한다면, 그는 눈이 부셔서 고개를 돌리고 원래 보던 대로 보려 하지 않겠는가? 그리고 자신이 당장 볼 수 있는 것이 누가 자신에게 보여 주려 하는 것보다 더 진실하다고 생각하지 않겠는가?"

사람들이 우리에게 강요하는 수치화된 현실은 현실이 아니다. 빅데이터 기업은 세상을 코드화하면서 우리와 현실 세계 사이에 인터넷이라는 망을 친다. 그 망으로 우리 감정을, 즉 모형화할 수 없는 순수하게 인간적인 분비 작용이자 인간을 좋은 쪽으로든 나쁜 쪽으로든 컴퓨터와 달리 예측 불가능한 존재로 만드는 작용을 걸러 내는 것이다. 고대 그리스인은 '진짜'라는 개념을 본질적 가치로 여겼다. 그들에게 진짜라는 것은 자기 자신을 안다는 것, 있는 그대로의 존재를 기꺼이 받아들인다는 것을 의미했다. 그런데 이제는 진짜라는 개념이 사라지고 있다. 모조품이 지배하는 시대, 자기 자신도 자신의 주변도 다 진짜가 아닌, 가짜의 시대가 되었다. 심지어 한 이집트 남성은 2011년 2월 21일에 태어난 딸의 이름을 '페이스북'이라고 짓기까지 했다.

사회의 가상화는 우리의 현실 세계를 조금씩 갉아먹는다. 이제는 만남 사이트에서 가상 애인을 사귀면 물리적 접촉이 전혀 없었더라도 이혼 법정에서 불륜 사유로 간주될 수 있는 세상이다. 특히 가상현실 헤드셋의 대중적 유행은 현실 세계와의 분리를 한층 더 부추기고 있다. 게임 시장을 조준하고 있는 모든 기술 산업이 우리를 현실 세계와 구분하기 힘든 가상 세계에 빠뜨릴 방법을 찾느라 고심한다. 페이스북은 오큘러스 VR라는 자체 가상현실 헤드셋을 개발하는 데 20억 달러를 투자했다. 1999년 개봉한 공상과학 영화 〈매트릭스〉에서 주인공은 자신이 컴퓨터가 만들어 낸 가상 세계 '매트릭스Matrix' 안에서 살고 있음을 알게 되는데,[*] 이는 더 이상 스크린 속만의 이야기가 아니다. "현실 세계는 일종의 착각이다. 실제로 존재하는 것이 아니라 여러분의 뇌에 입력되어 있는 것이다." 2015년 3월에 오큘러스 프로그램의 코디네이터가 소프트웨어 개발자들에게 한 설명이다. 이 창조자들의 목표는 우리를 매트릭스 안에서 살게 하는 것이다. 그렇다면 가상현실은 인간 소외[**]의 최종 형태인지도 모른다. 고대 그리스인이 정의한 대

---

[*] 매트릭스란 원래 모체, 자궁이라는 뜻인데, 오늘날에는 주로 '사이버 공간'을 가리키는 말로 쓰인다.

[**] 인간의 활동으로 만들어진 피조물에 인간이 도리어 지배당하면서 인간다운 삶을 잃어버리는 현상.

로의 현실 세계, 즉 감각에 의해 지각할 수 있는 구체적인 세계에서 발을 떼면서 자기 자신을 잃게 되는 것이다. 실제로 디지털이 야기하는 현실 세계의 상실은 인격의 정의 자체를 재검토하게 만든다. 3D 세계 속 아바타 형태의 디지털 분신을 제공하는 게임에 사람들이 지나치게 몰입할 때 겪는 현상이다. 이들은 이제 자신이 누구인지 정확히 알지 못한다. 자기 정체성을 잃어버린 채, 자유 의지와 더불어 모든 탈출 욕구를 포기한다. 그림자의 착각에서 해방시켜 주려 하는 자를 오히려 죽이려 드는 동굴의 죄수들처럼 말이다.

가장 달콤한 착각은 '무료'라는 착각이다. 우리는 "인터넷 서비스는 무엇이든 무료로 이용할 수 있다"는 거짓 약속에 혹해서 동굴로 달려가 틀어박힌다. 그림 형제의 동화에 나오는, 피리 부는 사나이에게 홀린 아이들과 비슷하다. 하지만 이런 말이 있다. "무엇인가에 대해 비용을 지불하지 않는다면 당신은 고객이 아니라 상품이다." 상품이 되는 것, 이것이 바로 우리가 치러야 할 대가다. 인터넷을 사용할 때 우리는 자기도 모르는 사이에 일종의 '악마와의 계약'을 맺게 된다. 자유롭게 이용할 수 있는 맞춤형 서비스를 얻는 대신, 우리의 디지털 정체성을 내주는 것이다. 개인 2.0 혹은 개인 3.0[6]의 상품 가치는 노동력이 아니라 디지털 정체성에 달려 있으며, 이 디지털 정체성은 노예 시장에서 그랬던 것처럼 몇 번이고 되팔린다. 에릭 슈밋은 《새로운 디지털 시대》라는 책에서 그 점을 분명하게 예고했다. "미래의 시민에게는 정체성이 가장 값비싼 상품이 될 것이며, 이 정체성은 주로 온라인으로 존재할 것이다. 새로운 데이터 혁명의 힘은 그것의 부정적인 측면들 각각이 실질적 혜택으로 돌아온다는 데 있다."[7] 달리 말해, 네티즌은 무보수로 데이터를 생산하는 착취를 당하지만 그 상황을 행복하게 여기게 된다는 뜻이다.

인터넷을 이용할 때 우리는 자신이 자율적이고 자유롭다고 생각하지만 사실은 기계에 종속된 상태에 있다. 소통은 규칙에 종속되고, 메시지는 형식에 종속되고, 인간관계는 프로그램에 종속되고……. 우리 디지털 정체성의 기본 틀조차 알고리즘이 정해준다. 예를 들어 페이스북에 가입할 때 우리가 누구인지 설명하기 위해 기입하는 서식도 획일화되어 있다. 매트릭스가 쉽게 집어삼키고 소화할 수 있도록 우리의 디지털 분신을 도식화하고 단순화하는 것이다. 최근에 프랑스 최고행정법원은 디지털 시대의 기본권에 관한 보고서에서 알고리즘의 문제성을 검토한 바 있다. "요즘 인터넷 사용자들은 이미 저마다 다른 검색 결과를 본다. 보는 광고도 다르고, 정보 포털 사이트에서 접하는 기사도 다르고, 추천받는 상품도 다르다. 그런데 이런 알고리즘은 정보의 접근성과 관련해 큰 문제가 될 수도 있다." 2014년 9월에 프랑스 최고행정법원의 법관들이 쓴 글이다. 개인 취향에 맞는 기사, 영상, 사이트만 제공하는 알고리즘은 개인을 좁은 우물에 가둘 수 있음을 지적한 것이다. 이는 연결과 연결을 통해 지식의 폭을 넓혀 주던 웹의 원래 취지와는 정반대되는 결과다. 인터넷 대기업들이 교묘하게 유지시켜 온 '중립적인 웹'에 대한 착각은 이제 완전히 허물어졌다. 가령 하버드대학 교수인 랜태나 스위퍼는 중립적임을 자처하는 알고리즘들의 이른바 중립성의 실상을 체험한 적이 있다. 그가 구글에서 자기 이름을 쳤더니 전과 기록 조회를 권유하는 법률 서비스 광고가 뜬 것이다. 그가 전과자일 수 있음을 암시하는 이 검색 결과는 도대체 왜 떴을까? 그것은 알고리즘이 이름을 근거로 그를 아프리카계 미국인으로 판단했고, 그래서 십중팔구 범법 행위를 저지른 적이 있으리라고 결론을 내렸기 때문이다. 알고리즘이 중립적이지 못하기만 한 것이 아니라 인종적 편견까지 가질 수 있는 것이다![8] 중립적이라는 말 그대로의 중립성은 사실상 불가능하다. 디지털 세계는 빅데이터 기업들의 이익에 맞추어 코드화되기 때문이다. 그래서 프랑스 최고행정법원은 앞서 말한 보고서의 결론에서 '알고리즘에 대한 법의 제정'을 촉구하기도 했다.

우리는 기술 기업들에 속아 넘어가 세상을 코드화하는 열쇠를 그들의 손에 넘겨주었다. 이는 과도한 권력이다. 디지털 공간에서는 코드가 곧 법이기 때문이다. 저명한 법학 교수 로런스 레시

그는 2000년 1월 《하버드 매거진Harvard Magazine》에서 이 문제에 대한 우려를 표했다. "코드는 가치의 구현을 좌우한다. 코드로 자유를 보장할 수도 있고 막을 수도 있으며, 사생활을 보호할 수도 있고 감시를 조장할 수도 있다는 의미다. 유일한 문제는 우리가 추구할 가치를 우리 스스로 선택할 것인가, 아니면 코드를 만드는 자들이 우리 대신에 그 일을 하도록 내버려 둘 것인가에 있다." 데이터의 지배자들이 말하는 대로 자유는 코드가 보장해 준다고, 따라서 자유를 보호하기 위한 법은 전혀 필요 없다고 믿는 것은 위험한 착각이다.

그들은 우리를 동굴 속에 계속 묶어 두기 위해 큰 착각에 빠뜨린다. 인터넷이 모두를 서로 연결해 주니 이제 혼자가 될 일은 절대 없다는 착각이다. 그러나 실제로는 정반대의 일이 벌어져 왔다. "초超연결 사회는 국경, 문화, 언어 따위를 뛰어넘어 모두가 연결되어 있다는 느낌을 주지만, 사실 우리는 현실 세계와 단절된 채 저마다의 가상 세계에 갇혀 있다." 미국의 인류학자 셰리 터클이 《외로워지는 사람들》에서 한 말이다.' 실제로 인터넷상에서 우리는 모두 함께 있지만 모두가 혼자다. 인터넷은 겉으로 보이는 것과 달리 새로운 연대를 만들어 준 적이 없다. 일부 예외는 있지만 우리는 각자 자기 세계 안에서 자기 자신을 위해 존재할 뿐이다. 일본에서는 수년 전부터 새로운 사회 병리가 문제되고 있다. 청소

년들이나 청년들이 방에 틀어박혀 인터넷만 하면서 지내는 현상으로, 그런 사람들을 '틀어박혀 사는 사람'이라는 뜻으로 '히키코모리'라고 부른다. 《또 다른 세계화》[10]의 저자인 사회학자 도미니크 볼통은 그들이 가상 세계 밖에서는 살아갈 수 없다는 점에서 "접속에 의한 인간 소외"를 이야기한다. 인간에게 필요한 것은 '접속'이 아니라 '접촉'임을 환기하면서 말이다.

현재 인간은 점점 안으로 움츠러들면서 블랙홀처럼 스스로 붕괴하고 있다. 공감 능력의 상실로 인해 우리 인간성의 일부를 잃는 끔찍한 결과가 초래될 수도 있는 것이다. 막 태어났을 때 인간은 한없이 약하며, 뇌도 '미완성' 상태에 있다. 하지만 바로 그 약점이 인간의 강점이 된다. 인간의 뇌는 환경 및 타인들과의 상호 작용을 통해서 성장하고 개발되기 때문이다. 인간은 본질적으로 사회적인 동물이다. 인간의 안녕은 언제나 함께 잘 지내는 것에 달려 있었고, 인간의 힘은 결국 집단에서 나왔다. 그런데 이제, 이 연대라는 인간성의 구성 요소가 빅데이터 기업들이 부추기는 극단적인 개인주의의 맹공격에 밀려 사라질 위기에 놓였다. 이미 많은 교사가 주시하고 있는 바지만, 요즘 학교에서는 다른 아이들과 어울리지 못하고 고립된 채 현실과 동떨어진 상상의 세계를 배회하는 아이들이 계속 늘어나고 있다. 단체 생활을 힘들어하는 이 아이들의 유일한 목표는 혼자 노는 것이다. 망상증에서 강박신경증에 이르기까지, 그 같은 고립에서 비롯된 정신병리학적 현상도 많아지고 있다. 알다시피 강박신경증은 불안에 대한 방어 기제로서, 점점 더 많은 젊은이에게 위협이 되고 있다. 앞에서 언급한 공감 능력의 상실은 말할 것도 없다. 공감 능력이 결핍되면 폭력으로 타인이 받는 고통을 헤아리지 못해 폭력성을 행동으로 옮기게 되는데, 이를 확인시켜 주듯이 미국에서는 '은둔형 외톨이'에 의한 대규모 총격 사건이 점점 증가하고 있다.

동맹 관계

미국 정보기관과 빅데이터 기업은 공생한다

"약간의 안전을 위해 약간의 자유를 포기하는 사회는 어느 것도 가질 자격이
없으며, 결국은 둘 다 잃게 될 것이다."
_벤저민 프랭클린, 1755.

　　20여 년 전, 스마트카드의 발명자이자 프랑스 스마트카드 제조사 젬플러스Gemplus의 사장인 롤랑 모레노는 시골길을 운전하던 중 큰 교통사고를 당했다. 그는 CIA(Central Intelligence Agency, 미국중앙정보국)가 운용하는 미국 투자금이 자사에 들어오는 것을 반대하고 있었는데, 사고로 몇 주간의 혼수상태와 오랜 회복기를 겪은 끝에 결국 뜻을 굽혔다. 이로써 미국은 원하던 것을 손에 넣었다. 데이터 암호화 기술의 세계적 리더이자 세계 최대 SIM 카드* 제조사를 차지하게 된 것이다. 그런데 2015년 2월, 전 NSA 직원인 에드워드 스노든의 미국 정보활동

---

* 　가입자식별모듈Subscriber Identity Module을 내장한 카드. 보통 '유심칩'이라고 부른다.

에 관한 내부 고발을 이미 보도한 바 있는 온라인 탐사 보도 저 널《디 인터셉트The Intercept》는 NSA와 영국 GCHQ(Government Communications Headquarters, 정부통신본부)가 젬알토Gemalto로 이름을 바꾼 젬플러스로부터 엄청난 양의 SIM 카드 암호키를 훔 쳤다고 폭로했다. 젬알토의 고객인 이동통신사들이 구매한 유심칩 의 암호키를 해킹으로 빼 갔다는 내용이었다. 젬알토의 SIM 카드 를 쓰는, 190개 나라에 걸친 450개 통신사의 통신 내역을 은밀히 살펴보게 해 줄 '절도'를 저지른 것이다.

1990년대 말, 미국 정보기관은 장차 세계 정보 흐름의 중심 이 될 정보권을 재빨리 장악해야 한다는 것을 간파했다. 그래서 이른바 '정보 우위Information Dominance' 행동 계획을 통해 디지털 기 업들과의 연계를 확대하는 일에 곧바로 착수했다. 특히 CIA는 인 큐텔이라는 벤처캐피털*을 설립해, 익명 브라우저나 익명 검색 엔 진 같은 새로운 도구의 개발을 끌어내는 임무를 맡겼다. 게다가 인큐텔은 은행 업무나 이동통신에 꼭 필요한 스마트카드 기술을 지배하려는 목적도 가지고 있었다. 미국이 젬플러스를 손에 넣고 서 전 인큐텔 이사를 서둘러 사장 자리에 앉힌 것도 그 때문이 었다. 바로 그 시기에 정보기관들과 NICT(New Information and Communication Technology, 신新정보통신기술)로 불리는 새로운

---

* 장래성 있는 벤처 기업에 투자하는 투자 전문 회사.

산업 사이에서는 일종의 협정이 체결되었다. 그리고 이 NICT 산업에서 빅데이터 기업들이 탄생하게 된다.

오늘날 인터넷을 개인 감시의 첫 번째 수단으로 만든 일탈은 국제 관계와 특히 미국(베를린 장벽 붕괴 이후 세계의 '피스메이커'를 자처해 온)이 연관된 한 사건, 즉 9·11 테러에 의해 가속화되었다. 이제는 유명해진 "더 안전한 세상을 만들자"라는 슬로건과 함께 말이다. 그전에도 미국은 겉으로는 이데올로기의 문제인 것처럼 노련하게 위장한 채, 막강한 군사력을 기반으로 스스로 '세계의 헌병'이 되어 자국의 이권에 방해가 되는 상대는 모두 제거했다. 공산주의가 무너지자 미국의 패권주의적 태도에 대한 저항은 에너지 문제와 많이 얽혀 있는 지역인 서아시아에서 시대착오적 형태로 주로 나타났다. 이에 미국은 '전쟁을 통한 부양浮揚'이라는 경제 모델로 해당 지역을 지속적인 불안정 상태에 빠뜨렸고, 시리아와 이라크에서 범죄 조직이 확산되고 있음을 구실로 그에 대한 책임을 종교에 돌렸다. 자본주의와 공산주의의 대립이 지리적으로 뚜렷이 구분되는 두 진영에 근거를 두고 있었다면, 테러리즘은 서아시아에서 시작해 세계 곳곳으로 전파된 한 종교를 기반으로 나타났기 때문이다.

2001년 9월 11일 뉴욕의 쌍둥이 빌딩을 폭파한 테러는 바로 그 같은 맥락에서 발생한 사건이었다. 미국은 1941년 12월 진주만이 공격당했을 때보다 훨씬 크게 경악했다. 진주만 공습은 본토에서 멀리 떨어진 곳에서 일어난 데다가 어느 정도 예상도 되었던 일이지만, 이번에는 미국 본토가, 그것도 미국의 힘을 상징하는 국제적인 금융기관이 정통으로 공격을 당한 것이었다. 이 비극적인 사건은 이내 미국에 대한 모욕으로 받아들여졌다. 테러의 배후인 오사마 빈라덴이 소련의 아프가니스탄 침공 당시 아프가니스탄 전선에서 CIA에게 훈련을 받았던 인물이라는 점은 상처를 더 쓰리게 만들었다. 미국이 새로운 전쟁 명분을 얻기 위해 테러를 방관했다고 주장하는 음모론이 사실이 아닌 한, 이 참사는 정보기관의 뼈아픈 실패라고밖에 설명할 수 없었다. 백악관으로부터 무능함을 지적받은 FBI(Federal Bureau of Investigation, 미국연방수사국)와 CIA, 그리고 특히 NSA는 그 실패를 기회로 디지털 세계를 장악하기 위한 기술력 행사에 들어갔다.

마침 그 무렵 인터넷은 세계적으로 비약적 발전을 이루어 이미 세계 인구의 3분의 1을 연결하고 있었다. 이제 미국의 목표는 세계를 감시하는 것이었다. 이제는 개인이나 단체를 상대로 정보를 캐낼 것이 아니라, 전 세계를 염탐한 뒤 정보 더미를 정제해야 했다. 그리고 이 목표는 빅데이터 기업들이 개발한 기술과 기적처럼 맞아떨어졌다. 구글에 물어보기만 하면 인간을 달에 보내는 데 필요한 만큼의 정보도 몇 초 만에 얻을 수 있는 세상이었다. 복잡한 알고리즘과 감시 및 경고 시스템을 이용하면 매트릭스가 수상한 개인이나 행동을 탐지할 수 있는 것이다. 미국에서 일명 '알렉산더 왕'으로 불린 키스 알렉산더 장군은 이러한 발상을 뒷받침하는 논리도 갖춰 놓고 있었다. 그가 2014년 NSA 국장 자리에서 물러나기에 앞서 9년간 보여 준 '건초 더미에서 바늘 찾기'를 두고 하는 말이다. "바늘 하나를 찾으려면 건초 더미가 필요한 법이다."

프랑스 대외 정보기관의 기술국장을 지낸 베르나르 바르비에는 2007년 알렉산더 장군을 만났을 때의 이야기를 최근에 털어놓았다. "밥을 잘 먹고 디저트와 커피가 나오는 사이에 그가 이렇게 말했다. '제 목표는 전 세계 인터넷을 감청하는 것입니다.' 그래서 사람들이 쳐다보며 물었다. '어떻게요?' 이제는 에드워드 스노든 덕분에 모두 알게 된 사실이지만, 2007년부터 미국은 NSA를 통해 전 세계를 도청할 능력을 갖추고 전방위 감시를 해 온 것이다."[11] 스노든의 폭로는 이전에 유럽연합과 미국이 맺은 세이프하버 협정Safe Harbor Agreement을 공중분해시키는 결과를 가져왔다. 빅데이터 기업들이 유럽의 고객 정보를 미국 본사로 전송할 수 있게끔 해 준 협정이 전면 무효화된 것이다. 그리고 2016년 2월, 양측은 미국으로 이전되는 정보의 기밀 유지를 보장하기 위한 새로운 협정을 체결했다.

'범죄와의 전쟁'이나 '테러와의 전쟁'은 세계적인 감시를 정당
화하기 위한 슬로건이었다. NSA는 어마어마한 예산을 투입해 전
세계 모든 전화 통화를 감청하고, 모든 메일을 읽고, 모든 인터넷
검색을 집계하고, 모든 감시 카메라에 접속했다. 따라서 정보를
교환하기 위한 접속은 NSA의 감시망을 절대 벗어날 수 없었고,
NSA는 자체 기준에 따라 정보를 수집하고 저장했다. NSA의 감청
방식에 대해 상세하게 이야기해 볼 수도 있겠지만, 오늘날 모든 통
신이 인터넷을 통해 이루어진다는 사실과 NSA가 인터넷 케이블
에 접속해 있다는 것만 알아도 그 감시가 어떤 식으로 이루어졌
는지 이해하기에 충분하다. 정보의 발신지나 수신지가 어디든 간
에, 그 정보를 실어 나르는 케이블은 한 번은 미국을 지나간다.

끊임없는 편집증을 부추긴 비극적 사건과 데이터 처리·저장
능력의 엄청난 기술적 도약에 따른 정보 시스템의 발전과의 결합
은 조지 오웰도 상상하지 못한 사악한 야심의 출발점이 되었다.
이 야심을 기반으로, 모든 개인이 자신의 일부나 전부가 자기도
모르는 사이에 세계적 감시 시스템에 의해 까발려지는 것을 받아
들이도록 만드는 고통 없는 독재가 구축된 것이다. 미국 안보기관
의 그 같은 변화에는 동서 장벽의 붕괴도 일조했다. "분명한 적이
었던 대상, 즉 소련 진영이 사라지자 휴전 협정도 평화 조약도 맺
을 수 없는 지속적인 위협을 그 자리에 세운 것이었다. 본질적으

로 명확하게 파악할 수 없는 위협, 따라서 그것을 무력화하고 근절하기 위해서라면 예외적인 수단의 영구적 사용도 정당화되는 그런 위협 말이다."[12] 전략지정학 컨설턴트이기도 한 작가 퍼시 켐프는 정보활동 문제 전문가의 입장에서 이런 해석을 내놓았다.

인간과 인간이 생성한 모든 정보에 대한 총체적 감시는 계획이 아니라 현실이며, 이 현실은 경계라는 개념과 모든 법적 보호망을 무시한 채 엄청난 속도로 확산되고 있다. 이를 저지하는 것은 그 현실을 만들고 조장한 당사자들이 직접 나서지 않는 한 불가능하다. 빅데이터의 지배자들과 정보기관이 지키고 있다는 법적 테두리라는 것도 미국에서나 최소한으로 존재할 뿐, NSA가 어떤 의무감도 느끼지 않는 세계 다른 곳에는 존재하지도 않는다. 미국이 이 같은 제국주의를 드러낸 적은 일찍이 없었다. 다른 나라들이 미국에 이토록 큰 저항 없이 종속된 적도 일찍이 없었다. 특히 유럽은 그 같은 미국의 패권에 맞설 능력이 없어 보인다. 정보 분야에서 자주성을 잃으면 이류로 밀려날 수밖에 없다.

정보기관과 빅데이터 기업은 세계 정보의 수집 및 처리와 관련해 금세기 최고로 영향력 있는 동맹을 형성하겠다는 공통된 미래를 그려 왔다. 미국의 국가 기관 중 가장 강력한 곳이 그 같은 이종 교배로 더 큰 힘을 얻은 것이다. 사실 미국 민주주의 역사에서 정보활동이 중요한 역할을 해 온 것은 분명하다. 미 정보기관은 늘 신전의 문지기처럼 행동해 왔다. 1963년 존 F. 케네디 암살 사건은 그러한 배경의 직접적인 결과에 해당한다. 정보기관과 군부, 그리고 부수적으로 마피아의 이해관계가 얽혀 발생한 일임이 이제는 거의 확실시되고 있어서 하는 말이다. 하지만 세월이 흘렀음에도 그 사건에 대한 침묵의 규율은 계속 지켜지고 있다. 이유는 간단하다. 이해관계가 제도보다 우위에 놓이는 미국 민주주의의 한계를 보여 주는 사건이기 때문이다. 그 한계는 9·11 테러 직후 대테러 정책이라는 명목으로 미국 민주주의의 많은 원칙을 부정한 이른바 '애국자법'이 제정된 데서 드러났음은 물론이고, 2차 이라크전쟁을 정당화한 미국 정부의 거짓말을 통해서도 드러난 바 있다. 유엔 안전보장이사회 앞에서 조지 W. 부시는 정보기관이 입수한 증거임을 주장하면서 그것을 근거로 사담 후세인의 나라가 알카에다와 긴밀한 관계에 있으며 미국의 안전을 위협하는 대량 살상 무기를 보유하고 있다고 공언하지 않았던가?

빅데이터 기업과 정보기관이 서로 얽혀 있다는 데는 이론의 여지가 없다. 에드워드 스노든이 폭로했듯이 미국이 다른 나라들의 데이터를 수집할 수 있었던 것은 그 정보가 미국 민간 기업들의 서버에 있고 NSA가 이 기업들의 기술을 마음대로 이용할 수 있기 때문이었다. 하이테크 업계와 정보기관 사이에는 벌이가 쏠쏠한 하청 계약 관계가 존재한다. 가령 스노든이 직원으로 있었던 부즈앨런해밀턴은 2013년 2월에만 110억 달러를 미국 정부로부터 벌어들였다. 프랑스 법무부의 한 해 예산의 1.5배에 달하는 액수다. 버지니아주에 본사를 둔 이 기업의 수익 중 98퍼센트는 정부에 정보 분야 관련 용역을 제공한 대가로 나오며, 직원 2만 5000명의 절반이 '일급비밀' 취급 인가를 가지고 있다. 게다가 2009년에 부즈앨런해밀턴은 칼라일 그룹의 자회사가 되었다. 칼라일 그룹은 약 1500억 달러의 자산을 보유한 세계 최대의 투자 회사 중 하나로, 어떤 사람들은 이 회사를 'CIA의 은행'으로 소개하기를 주저하지 않는다. 실제로 칼라일 그룹 이사회는 CIA 부국장을 지낸 인물이자 로널드 레이건 정부에서 국방부 장관을 역임한 인물인 프랭크 칼루치를 회장으로 영입했으며, 조지 H. W. 부시 전 대통령을 그룹의 고문으로 초빙하기도 했다. 또한 CIA는 자체 벤처캐피털인 인큐텔을 통해서 빅데이터 분석 회사인 팰런티어 테크놀로지에도 투자했다. 팰런티어 테크놀로지는 실리콘밸리에서 영향력 있는 기업가인 피터 틸이 2005년에 만든 스타트업으로, NSA, CIA, FBI를 위한 특별한 알고리즘을 개발해 왔다. 처음에는 크게 눈에 띄지 않았으나, 현재는 기업 가치가 150억 달러에 이른다. 참고로 말하면, '팰런티어'라는 사명은 톨킨의 《반지의 제왕》에 나오는 수정 구슬의 이름을 딴 것이다. 미래를 볼 수 있게 해 준다는 마법의 구슬 말이다.

정보기관이 하이테크 산업의 주역들을 계약서에 파묻히게 만들기 전에두 이미 정보 분아에는 니 국방부의 보조금이 쏟아졌다. 이 보조금이 없었다면 해당 분야의 개척자들도 아마 존재하지 못했을 것이다. 인터넷 자체도 미군이 만든 작품이다. 냉전이 한창이던 시기, 소련의 위협에 맞서기 위한 신기술 개발을 임무로 하는 국방부 산하 기관 DARPA(Defense Advanced Research Projects Agency, 방위고등연구계획국)가 핵 공격으로 통신망이 손상될 경우에 대비해 분산적으로 유지할 수 있는 통신 시스템을 만들고자 한 것이 출발점이었다. 그렇게 해서 1969년에 인터넷의 조상 격인 아파넷Arpanet이 등장한 것이다. 프랑스에서 인터넷 서비스 회사를 차린 초창기 인물들 중 한 명이자 라디오 방송사 스카이록의 경영자인 피에르 벨랑제는 저서《디지털 주권La Souveraineté numérique》에서 이렇게 꼬집었다. "사람들은 창고에서 탄생한 스타트업에 감탄하지만 한 가지 잊고 있는 게 있다. 그 창고가 사실은 항공모함 안에 자리하고 있다는 것이다!"[13]

국가가 정보기관을 위해 많은 돈을 쓸수록 빅데이터 기업들이 득을 본다. 애국자법에 의해 NSA와 CIA가 디지털 데이터를 보유한 미국 민간 기업들을 동원할 수 있게 되자, 구글은 정부 기관의 요청으로 연간 1000~2000개의 계정을 국방 명목으로 감시했다.

미국 안보기관과 빅데이터 기업 사이의 협력은 어디까지 갔을까? 어떤 이들은 애플이 배터리를 빼 버리기 어려운 스마트폰을 만든 데는 다 이유가 있다고 생각한다. "염탐당하는 것을 우려하는 사람들이 보이는 첫 번째 반응은 자기 휴대전화의 배터리를 빼 놓는 것이다. 배터리의 잔여 에너지로는 많은 일을 할 수 있다." 프랑스 정보기관 쪽 사람의 설명이다. 2014년, 독일 주간지《슈피겔Der Spiegel》은 증거 자료에 근거해 NSA가 아이폰에 담긴 정보에 자유롭게 접근할 수 있는 도구를 가지고 있다고 보도했다. NSA가 2008년부터 드롭아웃지프라는 해킹 소프트웨어를 이용해 스마트폰에 저장된 파일을 전송받고, 문자·연락처·일정을 조회하고, 음성 메시지를 도청하고, 마이크와 카메라를 실행시키기까지 했다는 것이다. 애플은 즉시 성명을 내면서, NSA와 협력해 제품에 '백도어backdoor'*를 만드는 일 같은 것은 한 적이 없다고 항변했다. 그리고 아이폰 사용자들의 신뢰를 잃지 않기 위해, 이후 연방 법원이 샌버너디노 총기 테러범 부부의 아이폰을 FBI가 들여다볼 수 있게 협조하도록 내린 '잠금 해제' 명령도 거부했다.

물론 일부 사람들은 애플의 그 같은 대응이 미 정보기관과 빅데이터 기업 사이의 '투과성'에 관한 폭로로 흠집 난 기업 위신

---

* 시스템 관리자나 개발자가 유사시 문제 해결을 위해 정상적인 사용자 인증 절차를 거치지 않고도 시스템에 접근할 수 있도록 해 주는 기능으로, 뒷문 같은 것이라는 뜻에서 '백도어'라 한다.

을 회복시키려는 수법일 뿐이라고 본다. 그 투과성이 비밀 요원에 의한 것이든 밀약에 따른 것이든 간에 말이다. 한편, 사법경찰 기구인 FBI와는 달리 법의 테두리 밖에서 컴퓨터와 전화기를 염탐해 온 NSA는 마침내 그 활동을 적법한 것으로 만들 기회를 잡았다. 이제 디지털 대기업과 정보기관을 연결하는 파이프라인의 규모를 수상쩍게 여기는 사람은 아무도 없다. 스노든이 베일을 들친 이후, 미국 정부가 그 협력을 대중이 보기에 수긍할 만한 것으로 만드는 데 공을 들인 덕분이다. 그런 소동으로 '협정'을 또 문제 삼는 일이 생기면 안 되기 때문이다. 특히 2015년 2월부터는 새로 만들어진 NCCIC(National Cybersecurity and Communications Integration Center, 국가 사이버보안 및 통신통합 센터)라는 기구가 기술 기업과 안보기관 사이의 데이터 공유 업무를 통괄하고 있다. 고객들 앞에서 난처한 입장에 처했던 디지털 대기업들도 그들대로 고비를 넘겼다. 미국 안보기관과의 가짜 대결 구도를 연출하는 한편, 대테러 활동에 자신들도 일조해 왔음을 강조하면서 분위기를 바꾼 것이다.

이미 구글은 젊은 세대의 '급진화'에 대한 방어벽을 자처한 바 있다. 2011년 6월 아일랜드에서 구글 주최로 극단주의 폭력에 관한 세미나가 열렸을 때, 에릭 슈밋은 빅데이터 기업이 급진화에 맞설 '최강 전략'을 가지고 있다고 단언했다. "게임과 SNS, 휴대전화를 동시에 만들어 내는 산업이기 때문에 젊은 세대가 무엇에 관심이 있는지 누구보다 잘 안다고 할 수 있다. 테러 모집책의 표적이 되는 대상도 바로 젊은 세대다. 그 기업들이 급진화의 모든 뉘앙스나 예멘, 이라크, 소말리아 같은 특정 국민들 사이의 모든 차이까지는 어쩌면 모를 수도 있지만, 젊은 층을 이해하고 젊은 층이 어떤 장난감을 좋아하는지 알고 있는 것은 분명하다."[14] 구글은 이 문제에 관한 싱크탱크인 '구글 아이디어스'를 만들기 위해 미 국무부에서 근무한 대테러 및 급진화 문제 전문가를 콕 집어 채용하기도 했다.

역설적인 점은, 앞에서 말했듯이 빅데이터 기업들이 본의 아니게 테러 메커니즘의 일부를 이루고 있다는 것이다. 성공적인 테러는 최소한의 수단으로 사람들에게 최대한의 영향을 미치는 테러다. 그런데 인터넷은 울림통 같은 기능을 한다. 인터넷을 통해 정보가 확산되고, 기하급수적으로 증폭되고, 디지털 메모리에 영구적으로 저장되는 것이다. 테러에 따른 감정의 파문이 커질수록 정보기관은 더 많은 예산을 확보하고, 그 예산의 일부는 빅데이터 기업에게 돌아간다. 이것이 안보 생태계의 자급자족 양상이다.

군사적 목적으로 탄생한 인터넷은 휴대전화와 결합해 40년도 안 걸려서 인류의 제1의 소통 방식이 되었고, 사람들이 언제 어디서든 실시간으로 서로 연결될 수 있는 놀라운 세상을 만들어 냈다. 2000년대 초부터, 다시 말해 얼마 전부터 인터넷은 사람들이 연결과 정보의 집근에 너 확실하고 빠른 도움을 주면서 우리 삶의 일부로까지 자리하게 되었다. 그러나 인간이 이룬 기술 발전에는 이면이 있기 마련이다. 인터넷의 부작용은 물론 핵겨울*만큼 파괴적이지는 않지만, 개인의 자유와 같은 기본적인 가치에 영향을 준다는 점에서 훨씬 더 유해하다. 정보기관과 빅데이터 기업들의 융합은 비선출 권력이 지배하는 세계 정부를 예고한다는 사실만으로도 민주주의에 대한 위협이 된다.

---

*   핵전쟁 발생 시 나타날 것으로 예상되는 저온 현상.

오웰도 몰랐다

디지털 세계가 우리의 모든 흔적을 빨아들이고 있다

"프라이버시란 산업혁명으로 도시화 붐이 일었을 때 생겨난 개념이다. 따라서 사실은 이례적인 것에 지나지 않는다고 볼 수 있다."
_빈턴 서프, 구글 수석 인터넷 전도사, 2013. 11.

요즘 NSA는 독일 국민에 관한 정보를 구 동독의 비밀경찰 조직인 슈타지보다 많이 가지고 있다. 미국 정보기관이 독일 국민의 모든 행동, 모든 전자 거래, 모든 일상의 순간에 접근할 수 있기 때문이다. 오늘날 스마트폰을 쓴다는 것은 스파이를 주머니에 넣고 다니는 것과 다를 바 없다. 슈타지 요원 같은 존재가 우리를 계속 따라다닌다고 보면 된다. 우리의 이동 경로를 세밀하게 기록하고, 우리가 접촉하는 모든 사람의 목록을 작성하고, 우리가 친하게 지내는 사람들을 알아내고, 우리가 메모를 하거나 문자 메시지를 보내거나 메일을 받거나 사진이나 영상을 볼 때 어깨너머로 지켜보고……. 이 스파이는 우리 삶의 기록원으로서, 그에게는 아무것도 숨길 수 없다. 스파이의 고용주는 애플 혹은 구글이라고 불리며, 전 세계 스마트폰 운영 체제의 90퍼센트를 혼자서 지배한다.

사람들은 우리를 둘러싼 세상이 잉크를 빨아들이는 압지처럼 변했다는 사실을 아직 완전히 인지하지 못하고 있다. 인터넷부터가 개인을 말 그대로 '스캔'하게 해 주는 도구다. 인터넷을 통해 개인의 모든 지불 행위를 파악할 수 있는 것은 물론이고, 통장 내역 분석에 기초해 개인의 소비 행태를 추론할 수 있으며, 적자 상태의 개인이라면 '습관성 지출' 같은 프로필의 실마리도 얻을 수 있다. 개개인의 재정 관리가 잘 되고 있든 아니든, 빅데이터 기업은 데이터에서 결론을 끌어내 미래 고객들의 반응을 미리 알고자 하는 업체에 그 정보를 팔아넘기면 된다. 인터넷 서비스를 통해 전달되는 수많은 정보는 하늘에서 떨어지는 만나[*]와도 같아서 주워다 팔기만 하면 그만이다. 보험업자라면 생명보험에 가입하려는 사람의 진료 기록에 더해 식습관까지 다 알고 싶지 않겠는가? 말하자면 인터넷은 개인 정보의 화수분이다.

업계가 소비자의 습관과 욕구를 최대한 정확히 파악할 수 있으려면 개개인의 소비 성향이 정확히 드러나야 한다. 현재 구글은 수익의 90퍼센트를 온라인 광고로 벌어들이는 온라인 광고 시

---

[*] 성경에 따르면 모세의 인도로 이집트에서 탈출한 이스라엘 민족이 가나안 땅을 향해 광야를 지나갈 때 여호와가 날마다 양식을 내려 주었는데, 그 양식을 만나라 한다.

장의 1인자로서, 사회인구학적 기준들에 따라 사용자의 프로필을 작성한다. 그런데 이 프로필에는 검색 기록에서 끌어낸 우리의 주요 관심사뿐만 아니라, 구글의 메일 서비스인 지메일Gmail을 통해 우리가 주고받는 메일의 내용도 반영된다. 구글이 스팸 메일을 걸러 낸다는 핑계로 사용자의 메일을 전부 다 훑어보고 키워드를 분석하기 때문이다. 디지털 세계의 거대한 압지는 우리가 남긴 모든 흔적을 빨아들이고 흡수한다. 더구나 우리는 암묵적으로 그 작업을 용인하고 거들어 왔다. "이용 약관에 동의하시겠습니까?" 라고 묻는 창이 뜰 때마다 기계적으로 '동의'를 클릭하면서 말이다. 슈타지의 27만 직원과 50만 자발적 정보원은 감시 대상이 모르게 정보를 수집했지만(슈타지 해체 이후 1만 7000킬로미터 분량의 감시 기록이 발견되었다), 우리는 우리 손으로 정보를 넘기고 있다. 가령 20억 명에 이르는 전 세계 페이스북 사용자[*]는 페이스북에 자신의 친구 목록, 연애 상황, 생일, 개인적인 사진, 관심사 목록을 제공하는 데 동의함으로써 프라이버시의 일부를 스스로 포기한다. 온라인 광고 시장의 2인자인 페이스북은 무료 서비스의 대가로 넘겨받은 바로 그 데이터로 돈을 번다.

페이스북은 사용자의 프로필을 더 상세하게 다듬기 위해서 협력 사이트가 제공하는 정보도 수집하며, 특히 얼마 전부터는

---

[*]   이는 2018년 기준 수치이다.

2013년에 마이크로소프트로부터 인수한 혁신적인 추적 도구를 사용하고 있다. '아틀라스'라는 이름의 도구로, 사용자의 인터넷 활동을 추적하는 능력이 쿠키cookie* 보다 뛰어나다. 쿠키라는 끈나 풀은 사용자 컴퓨터의 IP 주소에 달라붙지만, 아틀라스는 사용자 자체를 따라다니기 때문이다. 사용자가 데스크톱, 노트북, 태블릿, 스마트폰 등 어떤 매체를 이용하든 알아보고 추적하는 것이다. 페이스북은 그런 식으로 거의 15억 명에 이르는 사람들의 인터 넷 활동을 추적하고 있으며, 그중에는 프랑스인도 2000만 명 넘 게 포함되어 있다. 전자책을 좋아하는 사람들 역시 끈나풀을 달 고 다닌다. 전자책 단말기가 사용자의 독서 습관과 취향, 선호하 는 독서 장소와 시간대는 물론이고, 사용자가 어떤 페이지를 메모 했는지, 어떤 부분을 읽다 포기했는지, 어떤 책을 끝까지 안 읽고 덮었는지도 다 기록하기 때문이다. 예전에는 구할 수 없었던 이 모든 정보는 이제 출판사에 되팔려, 출판사가 공급을 최적화하는 데 이용된다. 음악도 이 타산적인 관음증을 피해 갈 수 없다. 우 리가 어떤 음악을 언제 어디서 어떻게 듣는지 알아내기 위해 비 용을 지불할 용의가 있는 업체는 항상 존재한다. 트위터 역시 무 료 서비스지만, 사용자들이 주고받는 트윗의 내용에 대한 접근 권

---

* 사용자가 어떤 웹사이트에 접속했을 때 사용자의 컴퓨터에 자동으로 생성되는 정보 파일. 쿠키라는 명칭은 사용자의 방문 정보가 마치 과자를 먹으면 남겨지는 부스러기 같다고 해서 붙여졌다.

한이 데이터 회사에 팔아넘겨진다. 게다가 앞으로는 데이터 회사가 '사용자를 위한 추천'을 결정하게 될지도 모른다. 스트리밍 영화 서비스를 전문으로 하는 미국 기업 넷플릭스는 이미 '시청 예측' 기능을 구현하고 있다. 이런저런 제작물에 대해 시청자 수를 미리 알아낸다는 뜻이다. 이 알고리즘은 제작자가 특정 캐스팅을 위한 배우 목록을 뽑는 데도 활용된다. 목적은 물론 공급의 최적화에 있다. 넷플릭스에서는 가입자가 좋아할 만한 영화를 제안하기 위해 거의 400명의 엔지니어가 추천 알고리즘의 개선 작업에 매달린다.

정보는 무궁무진하며, 빅데이터 기업들은 그 사실을 잘 알고 있다. 그들의 최종 목표는 개인에 관해 언제나 더 많은 정보를 수집하는 것이다. 당장에는 무의미하게 보이는 데이터라도, 거기에서 돈이 되는 쪽으로든 정치적·사회적으로 흥미로운 쪽으로든 쓸모 있는 정보를 뽑아낼 알고리즘이 나올 가능성은 언제나 존재하기 때문이다. 지금 우리는 그야말로 총체적 감시의 시대에 들어와 있다. 따라서 인터넷을 개발한 인물 중 한 명이자 지금은 구글에서 일하고 있는 빈턴 서프의 말대로, 이제는 프라이버시가 '이례적인 것'이 되었다. 그렇다면 프라이버시의 실종을 슬퍼할 이유도 없지 않은가? 우리가 귀에 못이 박히도록 듣는 말처럼, 지구촌은 모두가 모두에 대해 모두 다 알았던 과거의 마을에 비하면 나쁜 것도 아니다. 그런데 진짜 마을에서는 누가 자신을 감시하는지 알 수 있고, 타인을 감시하는 사람도 감시의 대상이 된다. 특히 이 같은 자기 감시는 불완전하다. 이웃의 눈이 언제 어디서나 존재하는 것도 아니고, 커튼을 치면 사생활을 보호할 수 있기 때문이다. 하지만 디지털 세계에서는 눈에 보이지 않는 감시가 대대적·지속적으로 철저하게 이루어지며, 비물질적이고 전지적인 성질의 권력에 의해 모든 정보가 한곳으로 집중된다. 미국 드라마 〈더 프리즈너The Prisoner〉에 나오는 '빌리지'와 비슷하다. 우리가 기억해야 할 사실은, 프라이버시는 꼭 필요한 호흡과도 같다는 것이다. 프랑스 국가윤리자문위원회Comité consultatif national d'éthique의 위원장을 역임한 생물학자 장 클로드 아메장은 이 문제에 대해 이렇게 말한다. "프라이버시는 숨기고 말고의 문제가 아니다. 그것은 공적이지 않은 공간으로서, 우리가 나중에 공공의 광장에서 제 역할을 하기 위해 필요한 어떤 것이다. 생명을 유지하려면 생물학적으로 잠이 꼭 필요한 것처럼, 사회학적으로는 프라이버시가 꼭 필요하다. …… 완전한 투명성은 새로운 형태의 종교 재판과도 같다. 투명하다는 게 무슨 뜻인가? 사람들의 시선이 우리를 통과한다는 것, 따라서 사람들이 더 이상 우리 자신은 보지 않는다는 것이 아닌가? 지금 사회는 정직함과 투명함을 혼동하게 만들고 있다. 스스로 질문을 던져 봐야 한다. 하루 24시간 감시하에 있는 것이 우리가 정직할 수 있는 유일한 방법일까? 만약 그렇다고 답한다면 그 사람은 전체주의적인 정직성을 추구하고 있는 것이다."[15] 에릭 슈밋의 조언을 들어 보면 이 점은 의심의 여지가 없어 보인다. "아무도 몰랐으면 싶은 무엇인가를 하고 있다면 당장 그만두는 게 좋을 것이다." "아무것도 숨길 게 없다면 사람들이 당신에 대해 다 안들 두려워할 이유가 무엇인가'라는 것이 프라이버시의 폐지를 선언한 세계적 쿠데타의 슬로건이다.

우리 삶 구석구석으로 끼어드는 디지털 감시에서 벗어나려면 인터넷 접속만 끊으면 되지 않느냐고 생각하는 사람도 있을 것이다. 하지만 틀렸다. 접속을 끊어도 우리는 여전히 감시의 눈길 아래 있다. 바로 감시 카메라 때문이다. 요즘에는 보안을 강화한다는 이유로 개인적인 장소에도 공공장소에도 감시 카메라가 넘쳐난다. 유럽에서 영상 감시의 수도로 통하는 런던에는 30만 개가 넘는 '디지털 눈'이 설치되어 있으며, 경찰의 계산에 따르면 시민 한 명이 하루에 많게는 300번까지 감시 카메라에 찍힌다. 게다가 이 디지털 눈들은 점점 '똑똑해지고' 있다. 자동차 번호판 읽는 법을 배운 데 이어, 이제는 군중 속 한 사람의 얼굴을 데이터베이스와 비교해 식별할 줄도 안다. 심지어 뒷모습만 찍혀도 누구인지 알아본다! 조만간 대도시에서는 아무도 모르게 거리를 돌아다니는 일은 불가능해질 것이다. 철학자 미셸 푸코가 《감시와 처벌》에서 예견한 이 감시의 눈에 더해, 실리콘밸리의 연구실에서는 이미 다음 단계를 준비하고 있다. 스마트카메라가 달린 드론을 도시에 띄우는 것이다!

조지 오웰은 《1984》에서 이렇게 썼다. "그들이 우리의 말이나 생각을 세세한 것까지 파헤칠 수는 있겠지만, 우리 스스로도 다 알지 못하는 우리 속마음까지는 어떻게 할 수 없을 것이다." 그러나 빅데이터 사회는 오웰이 그려 낸 악몽의 수준을 넘어섰다. 매트릭스는 우리의 내밀한 충동을 간파하고, 우리 행동의 숨은 의미까지 알아낸다. 데이터에 대한 데이터, 즉 메타데이터metadata라는 정보 덕분이다. 예를 들어 전화 통화에 대한 메타데이터는 통화 내용만 빼고 전부 다 알려 준다. 누가 누구와 통화했고, 언제 통화했고, 어디서 통화했고, 얼마나 통화했고…… 사실 정보기관은 이 기술적 부산물을 오랫동안 쓸모없는 찌꺼기로 취급했다. 감청의 목적은 무엇보다 통화 내용을 엿듣는 것이기 때문이다. 그런데 빅데이터 기업이 무정형의 데이터 더미를 유의미한 것으로 만들면서 상황이 바뀌었다. 숨어 있던 잠재력이 발견된 것이다. 알고리즘을 통해 처리되는 메타데이터는 메일, 문자 메시지, 녹음된 대화의 내용과는 다른 비밀을 말해 준다. 은행 거래, 위치 정보, 유전자 서열, 선거인 명부, 온라인 비디오 서비스업체 등 그 무엇에 관한 것이든, 익명의 삶의 부스러기로 가득한 데이터 창고일지라도 일단 처리 작업을 거치면 그 안에 쌓여 있던 온갖 것이 정체를 드러낸다. 인간이 이처럼 철저히 추적되면서 투명하게 파헤쳐진 적은 한 번도 없었다. 머지않아 우리는 각자 수백만 가지의 개인 정보를 아주 내밀한 것까지 저장당하면서 살아갈 것이고, 한 번 저장된 정보는 절대 사라지지 않을 것이다. 개인에 대해 이 정도의 정보 수집이 이루어지는 것은 공산주의나 파시즘 체제에서 나타난 가장 발전된 형태의 독재에서도 없던 일이다. 에릭 슈밋이 "우리가 예상하는 미래는 인류 역사상 가장 흥분된 약속과 도전으로 가득한 멋진 신세계다"라고 한 것도 어쩌면 그런 의미에서 한 말일 수 있다.

NSA는 정보를 정제하기 위해 '콘택트 체이닝contact chaining'이라는 새로운 기술도 개발했다. 위치 정보와 인터넷 접속 내역 같은 휴대전화의 메타데이터에서 출발해 개인의 심리 프로필을 작성하고, 습관이나 철학적·종교적 신념, 인종 등을 추론하는 것이다. 이 전대미문의 시스템을 피할 수 있는 사람이 있을까? 앞으로는 돈만 내면 개인에 관한 온갖 정보가 담긴 특별한 이력서를 구할 수 있을지도 모른다. 특정인의 사생활과 심층 심리 분석뿐만 아니라 업무용 컴퓨터에 대한 감시를 통해 수집된 직업 활동 관련 정보까지 담겨 있어서 그의 방법론과 지식을 확인하고, 생산성과 지구력을 파악하고, 어떤 형태로든 그와 함께 일한 적이 있는 모든 이의 의견을 참고하게 해 주는 자료 말이다.

NSA는 빈라덴과 그의 일당을 추적한다는 이유로 인터넷을 통해 전달되는 영상도 마음대로 가로챘다. 특히 무료 인터넷 통화 서비스 스카이프를 통해 이루어진 영상 통화는 모두 수집 대상이 되었다. 스파이 프로그램으로 5분마다 영상을 캡처해 안면 인식 소프트웨어로 면밀히 조사한 것이다. 메일이나 문자 메시지를 통해 전송되는 영상이나 SNS에 올려진 영상도 마찬가지다. 더구나 이렇게 수집된 영상의 상당수는 성적인 것이었다. 지금까지 얼마나 많은 사람의 얼굴이 그런 식으로 훔쳐졌는지 아직 아무도 모른다. 어떤 식으로 사용되고 처리되었는지도…….

"프라이버시를 보장하기가 점점 더 어려워질 것이다. 비대칭 위협*의 시대에 완전한 익명성은 너무 위험하기 때문이다." 에릭 슈밋의 설명이다. 그는 덧붙여 이렇게 강조했다. "테러범이 절대적 익명성의 비호하에 테러를 저지르는 것은 이제 불가능하다." 빅데이터 기업은 테러에 맞선다는 합의된 목적을 명분 삼아 정보기관과 손잡고 계속 세력을 키우고 있다. 메타데이터가 더 많이 생성되고 사람들의 일상이 더 투명해질수록 빅데이터 기업은 더 많은 돈을 벌고 NSA는 더 큰 힘을 갖는다. 앞으로는 현금 결제도 사라질지 모른다. 현금은 부정한 돈이라거나 테러 활동 자금으로 들어

---

* 군사력에서 압도적 우위에 있는 상대와의 정면 대결을 피한 채, 민간인을 공격하거나 테러로 혼란을 야기하는 등의 방식으로 위협을 가하는 것을 이른다.

갈 수 있다는 가정을 내세우면 자금 추적에 방해가 되는 지폐와 동전을 없애도록 쉽게 부추길 수 있기 때문이다. 어떤 거래도 현금으로 이루어지지 못하게 되면 개인의 일상적인 이동을 추적하기가 더 쉬워진다. 이 데이터는 그 개인의 고용주나 배우자나 애인에게, 즉 그의 이동 정보를 사려는 사람에게 넘겨질 것이고 말이다. 세계 투자 회사의 양대 산맥으로서 미 정보기관과도 얽혀 있는 칼라일과 블랙스톤이 세계 금전등록기·현금인출기 제조업계의 선도자인 NCR 코퍼레이션을 인수하기 위해 100억 달러를 내놓은 것이 과연 우연일까?

앞에서 언급했듯이 역설적인 사실은, 마치 물처럼 아주 작은 틈새까지도 스며드는 디지털 감시 덕분에 안전해졌다고 이야기되는 이 사회가 실제로는 갈수록 불안해지고 있다는 것이다. 세계적으로 지금처럼 많은 지역이 테러에 시달린 적은 없었다. 특히 기술적인 방법에 과도하게 의존하는 대책은 대개는 비효율적인 것으로 드러난다. CNRS(Centre National de la Recherche Scientifique, 프랑스국립과학연구소)의 연구원인 철학자 그레구아르 샤마유도 이 점을 지적한 바 있다. "2013년 6월, NSA 국장은 통신 감시 프로그램 덕분에 '12건 정도의 테러 음모'가 실패로 돌아갔다고 말했다. 그런데 10월에는 미국 영토에서 있었던 '13개 사건'이라고 표현을 바꾸면서, 전화 통화에 대한 메타데이터 수집 프로그램으로 막아 낸 위협은 한두 건 정도로 볼 수 있다고 인정했다. 결국 10년 넘게 엄청난 통화 내역을 수집해서 단 한 건의 음모를 저지한 셈이다. 그것도 고작, 샌디에이고에 사는 어떤 사람이 소말리아 무장 단체에 8500달러를 보낸 것 때문에 체포된 일이었고 말이다."[16] 테러가 일어날 때마다 정보기관은 테러를 막지 못하는 이유가 기술적 방법의 부족과 법적 제약에 있음을 강조한다. 한마디로, 감시가 아직 완전하지 않기 때문이라는 뜻이다.

2015년 1월에 프랑스에서 연쇄적으로 일어난 테러 역시 예상된 결과를 불러왔다. 정부가 대테러 활동을 보강하기 위해 3년간 4억 2500만 유로를 투자하고, 내무부 내 관련 부서의 인력도 1400명 늘리겠다는 대책을 내놓은 것이다. 이후 정보기관의 감시 기능을 강화하는 법이 빠르게 마련되면서 대테러 목적으로 스파이웨어나 위치 추적 장치를 사용하는 것 같은 활동이 합법화되었고, 인터넷 서비스업체들은 '테러 위협'을 자동으로 찾아내도록 고안된 알고리즘을 갖추게 되었다. 프랑스가 20년간 가결한 대테러 법안은 16건에 이른다. 대간첩 업무를 수행해 온 한 프랑스 요원은 이와 관련해 불만을 드러내기도 했다. "지금 프랑스는 일종의 디지털 마지노선을 구축하는 중이다. 정보 시스템이 할 일은 전세계를 감시하는 것이 아니라 적절한 사람들을 감시하는 것이다. 감시를 자동화하는 것은 테러를 상대로 해서는 아무 쓸모가 없다. 사람의 머리로 정보를 선별하는 과정이 꼭 필요하다."

　그런데 디지털 감시는 테러를 막는 데는 비효율적이어도 정치와 경제 쪽으로는 제 역할을 완벽히 수행한다. 2013년 10월에 《슈피겔》이 보도했듯이, NSA의 감청망은 테러 방지와는 거리가 한참 먼 이유로 독일 총리 앙겔라 메르켈의 휴대전화에 관심을 기울여 왔다. 유로존의 위기와 관련해 측근들과 어떤 논의를 하는지 문자를 통해 알아내려 한 것이다. 미국의 대규모 통신 감청망 에셜론Echelon이 수집하는 정보의 90퍼센트는 사실 경제 관련 정보에 속하는 것으로 추정된다. 특히 NSA는 자크 시라크, 니콜라 사르코지, 프랑수아 올랑드 같은 최근 프랑스 대통령들의 휴대전화도 감청했다. 내부 고발 웹사이트 위키리크스에 의해 이 사실이 폭로됐을 당시 프랑스 정부는 미국에 강력하게 항의했지만 효과는 없었다. 오히려 그 폭로는 NSA가 프랑스 정치 권력층의 부패를 알고 있음을 시사했고, 양국 간의 긴장은 빠르게 누그러졌다.

　디지털 감시망이 수집하는 정보는 눈엣가시 같은 존재, 즉 반체제 인사를 찾아내고 무력화하는 데도 쓰인다. 가령 2015년에 구글은 위키리크스 일원 세 명의 지메일 계정을 미국 정부에 제공했음을 시인했다. 내부 고발자만 정보기관의 감시 대상이 되는 것은 아니다. 영국의 NSA에 해당하는 GCHQ는 2008년 11월에 세계 주요 언론사 기자들의 메일을 해킹해서 그 내용을 내부 인트라넷을 통해 공유했다. 기자들과 편집장들이 작성 중인 기사에 관해 의견을 나눈 메일이 주된 감시 대상이었다.[17] 언론이 자기 일을 제대로 할 때 어떤 위험이 될 수 있는지는 스노든이 입수한 NSA 문서에 분명하게 설명되어 있다. "모든 언론사의 기자와 보도원은 안보에 대한 잠재적 위협"이라는 식이다. 무엇보다 문제가 되는 것은 "정보기관에서 일한 적이 있는 사람들에게 공식적·비공식적으로 접근해 유포 금지 정보를 빼내려 하는 국방 문제 전문의 탐사 보도 기자들"이다. 그 같은 작업 방식은 "실질적인 위협"에 해당하기 때문이다. 프랑스 대외 정보기관 DGSE(Direction Générale de la Sécurité Extérieure, 대외안보총국)의 국장을 지낸 장 클로드 쿠스랑은 이 문제와 관련해 다음과 같이 인정했다. "정보활동은 민주주의를 부식시키는 요소가 될 수도 있다."[18]

더 놀라운 사실은, 인터넷 대기업들은 프라이버시의 종말을 지지하면서도 정작 자신들은 감시의 눈길을 벗어나기 위해 무엇이든 한다는 것이다. 그들이 우리에게 제안하는 투명성은 사실 한쪽에서만 건너편이 들여다보이는 반투명 거울과 비슷하다. "타인의 행동과 행적은 사소한 것까지 감시할 수 있으면서 자신의 것은 숨길 수 있는 능력은 가장 수준 높은 권력 형태다. 구글이나 페이스북 같은 기업들이 지닌 힘이 바로 그것이다." 《블랙박스 사회》라는 책을 통해 군사적·산업적·상업적 비밀에 둘러싸인 채 속을 알 수 없는 '블랙박스' 같은 것이 되어 가는 사회를 고발한 미국 매릴 랜드대학 법대 교수 프랭크 파스콸레의 말이다.[19] 프랑스 지식인 기 드보르도 《스펙타클의 사회》에서 이미 예고한 바 있다. "투명성을 내세울수록 누가 어떤 목적에서 무엇을 통치하고 누구를 조종하는지 알기 힘들어진다." 프랭크 파스콸레의 비유를 빌리자면, 빅데이터 기업과 이들로부터 도움을 받는 정보기관은 플라톤의 《국가》 제2권에 나오는 리디아의 왕과도 같다. 투명 인간이 되게 해 주는 마법의 반지를 손에 넣어 그 힘 덕분에 왕이 된 기게스라는 인물 말이다. 애플이나 구글은 언론을 상대할 때도 자사에 대해 조금이라도 무례한 기사를 쓰면 천국에서 추방된다는 것을 알고 있고 신원도 확실한 기자들에게만 문을 열어 준다. 미국의 IT 전문 뉴스 사이트 시넷CENT의 보도원들은 에릭 슈밋의 연봉, 주소, 취미, 기부 활동 같은 정보를 게재했다는 이유로 1년 넘게 구글의 블랙리스트에 올라 있지 않았던가? 아이러니하게도 그 정보들은 구글 검색 엔진을 통해 얻은 것이었다.

매트릭스는 또 다른 스노든이 블랙박스를 열어 숨기고 싶은 비밀을 들춰내는 일이 다시는 없어야 한다는 강박관념에 사로잡혀 있다. 이제 인간은 사슬이 끊어지게 할 수도 있는 가장 약한 연결 고리로 간주된다. 따라서 대중에 대한 감시는 감정이 없는 기계에 맡기는 편이 낫다. 양심선언은 성역과도 같은 정보기관의 심장부에서도 언제든 일어날 수 있기 때문이다. 이스라엘의 NSA 격인 8200부내 소속 요원 43인이 2014년 9월에 공개서한을 통해 "수백만 팔레스타인인을 통제하기 위해" 사용한 방법을 고발한 것과 같은 일이 또 생길 수도 있는 것이다.

자동화된 감시는 완벽하게 전체주의적인 성격을 띤다. 오웰이 《1984》에서 그려 낸 독재는 이제 기술 면에서는 시대에 뒤떨어진 통치 모형이다.

사물의 각성
사물과 사물이 소통하는 초연결 시대가 왔다

"사물인터넷은 개인에 대해 지문으로 알 수 있는 것보다 더 많은 것을 알려
준다."
_에리크 페르, 프랑스 개인정보보호위원회 부위원장, 2014. 12.

사물과 사물이 소통을 시작했다. 우리가 일상적으로 사용하는 전등, 의자, 휴지통, 커피포트, 냉장고 같은 물건들이 서로 대화를 나눈다. 이 대화의 주제는 단 하나밖에 없다. 바로 우리, 인간이다. 이름하여 '사물인터넷', 수다쟁이 기계들의 세상이 열렸다. 은행 카드나 교통 카드의 칩과 비슷한 무선 칩과 센서가 늘어나면서 우리는 주변 사물로부터 감시를 받는 처지가 되었다. 우리의 모든 행동과 행적이 수집되어 매트릭스에 전송된다. 현실 세계의 디지털화가 우리 눈앞에서 빠르게 진행되고 있다. 구글에 따르면 몇 년 안에 전 세계 전기 계량기 절반이 인터넷에 연결될 것이다. 1억 1800만 대의 가전제품도 마찬가지다. 이미 우리 주변

에는 200억 개가 넘는 사물이 인터넷에 연결되어 있고, 2020년이면 그 수는 300억을 넘어설 것으로 보인다. 말 그대로 우리는 '상시 접속'의 시대에 접어들었다. 그리고 이에 발맞춰 빅데이터 기업들은 부지런히 인터넷 사각지대를 줄여 가고 있다. 예를 들어 구글은 인터넷 접속이 불가능한 지역에 사는 40억 인구를 위해 이른바 '프로젝트 룬Project Loon'을 시작했다. 통신 장비를 실은 헬륨 열기구를 성층권에 띄워 인터넷 서비스를 제공하겠다는 발상이다. 이제 디지털 세계는 주변의 모든 것을 흡수하며 팽창하는 우주처럼 현실 세계를 집어삼키고 있다. 지금까지는 디지털 세계에 들어갈 때 컴퓨터, 태블릿, 스마트폰 같은 입구 내지 통로를 거쳤지만, 앞으로는 인터넷 접속이 필요 없을 때도 인터넷에 둘러싸여 있게 될 것이다. 사실 스마트폰은 사물인터넷의 선발대에 지나지 않는다. 크게 기사화되면서 출시된 구글 글라스 같은 증강 현실[*] 안경이나 애플의 아이워치 같은 스마트워치도 마찬가지다.

사물인터넷은 물건들이 우리의 손짓과 눈짓이 시키는 대로 움직일 뿐만 아니라 우리가 무엇을 원하는지도 알아맞히는 마법 같은 세상을 약속한다. 가령 거실 전등이 알아서 우리가 좋아하는 색깔의 불빛을 내고 밝기도 우리 기분에 맞게 조절해 주는 식이다. 의자는 우리를 알아보고 높이를 최적으로 맞춰 주고, 스트

---

[*]   우리 눈으로 보는 현실 세계에 가상의 사물이나 환경을 덧입혀 보여 주는 기술.

레스 센서로 우리의 스트레칭 필요성을 감지해 등받이도 눕혀 준다. 전자책 단말기는 우리의 독서 속도가 느려지면 우리가 졸리다는 것을 알아채고 커피머신에 에스프레소 한 잔을 만들라고 신호를 보낸다. 그런데 언론이 하이테크 산업의 군주들의 말에 홀려떠들어 대는 이 경이로운 미래에 대한 약속은 사실 우리를 이용해 더 많은 돈을 벌겠다는 선언이다. 사물인터넷이 추구하는 목표는 단 하나밖에 없다. 채울 수 없는 식욕을 가진 몰록*과도 같은 존재인 매트릭스의 데이터에 대한 탐욕을 채워 주는 게 그것이다. 언제나 '더 많이'를 요구하는 탐식의 논리는 빅데이터 기업의 본질적인 속성이다. 그리고 그렇게 쌓인 데이터는 소수 개인의 부富와 감시 기관의 힘을 끝없이 키우는 데 사용된다. 우리는 사물인터넷 덕에 아주 편안하게 살게 되었다고 생각하지만, 사실은 거미줄에 걸린 날벌레 같은 처지가 되어 움직임 하나하나를 간파당하고 추적당하고 분석당하고 있을 뿐이다. 디지털 기업은 우리의 생활 습관에서 고부가가치의 광석을 캐내 광고주에게 팔아넘긴다. 결국편리한 삶에 대한 약속의 목적은 우리를 강박적 소비자로 만드는데 있다. 최대한 빨리, 가능한 한 자동적으로, 거의 아무 생각 없이, 반사적 행동처럼 물건을 구매하도록 부추기는 것이다. 클릭 한번이면 주문과 결제가 끝나는 이른바 '원클릭' 시스템이 대표적인

---

* 고대 셈족이 아이를 제물로 바치며 섬긴 신.

예다. 매일 약 2600만 개의 상품이 팔리는 세계 최대 온라인 상점 아마존의 엔지니어들은 2015년에 원클릭 주문을 위한 실물 버튼까지 만들어 냈다. '대시 버튼Dash Button'이라는 것인데, 세탁기나 프린터에 붙여 놨다가 눌러만 주면 인터넷을 통해 세제나 잉크가 자동으로 주문된다. 시간 절약용 제품으로 팔리는 대시 버튼은 '똑똑한 사물'이 혼자 알아서 물건을 주문할 날도 멀지 않았음을 예고한다.

유명 상표의 회사들은 빅데이터를 이용해 손쉽게 단골 고객을 확보한다. 그런데 사실 빅데이터에 담겨 있는 가장 귀중한 정보는 '구매 전환율', 즉 잠재적 소비자를 고객으로 만들 수 있는 확률이며, 광고주가 빅데이터 기업이 제공하는 서비스에 비용을 아끼지 않는 것도 그 때문이다. 그렇다면 구글은 왜 자동차 제조업에 뛰어들었을까? 수많은 연속 보도와 열띤 기사를 낳은 프로젝트까지 진행하면서 말이다. 그 이유는 무엇보다 운전자와 동승자에 관한 모든 것, 즉 운전 방식, 선호하는 라디오 방송, 자주 가는 장소 같은 것을 알아냄으로써 표적 마케팅을 위한 확실한 프로필을 얻어 내려는 목적과 상관이 있다. 그뿐 아니다. 구글의 프로젝트에는 자율 주행 자동차가 포함되어 있는데, 바로 이 자동차가 문제의 구매 전환율을 높이는 역할을 한다. 구글이 2011년에 등록한 특허도 이 프로젝트의 일환이다. 상상을 한번 해 보자. 여러분이 동네를 한가롭게 걷고 있는데 스마트폰에 광고가 하나 뜬다. 상품을 추천하는 동시에 해당 상품을 파는 곳, 가령 스포츠용품 가게, 여행사, 레스토랑까지 가는 교통편의 무료 제공을 알리는 광고다. 알고리즘이 여러분의 위치, 가게까지의 경로, 교통 상황을 고려해 시간이 얼마나 걸릴지도 알려 준다. 이때 여러분이 응하겠다는 의사 표시를 하면 가장 가까이에 있는 구글 카가 여러분을 태우러 와서 해당 가게까지 데려다준다. "이 새로운 미래에는 길을 잃을 일이 절대 없다. 우리가 여러분의 위치를 미터 단위까지, 그리고 조만간 센티미터 단위까지 정확하게 알아낼 수 있기 때문이다." 에릭 슈밋의 자랑이다. 구글 카의 알고리즘은 고객을 가게까지 데려가는 데 드는 비용과 광고주가 기대하는 수익을 실시간으로 비교해 줄 것이고, 그러면 광고주는 그 데이터를 토대로 상품의 할인율을 조정하면 된다.

사용자끼리 자신의 위치와 자주 가는 장소를 공유하게 해 주는 '포스퀘어'라는 스마트폰 애플리케이션은 이미 비슷한 일을 하고 있다. 여러분의 위치 정보는 일단 기업에 팔리면 기업이 개인 맞춤형 단골 확보 프로그램을 만드는 데 활용할 수 있는 귀중한 정보가 되는 것이다. 그럼 안전에는 문제가 없을까? 구글 카를 운전하는 알고리즘은 잠이 없고 방심도 하지 않으며, 다른 차량의 헤드라이트에 눈이 부실 위험도 없고, 음주 운전을 하지도 않고,

자신의 반응 속도를 과대평가하지도 않는다.

더구나 자율 주행 자동차는 빅데이터 기업들의 야심 중 하나인 '스마트시티smart city'에서 운행될 것이다. 가로등도 보도블록도 감시 기능을 가지고 있는 곳 말이다. 실제로 2013년 5월에 프랑스 니스에는 유럽 최초로 '스마트 거리'가 들어섰다. 거리의 도로, 가로등, 재활용 쓰레기 수거함에 교통량, 공기 상태, 소음, 온도 등을 실시간으로 분석하는 센서를 장치한 형태다. 그래서 쓰레기통이 가득 차면 청소업체에 연락이 가고, 보행자 수에 따라 가로등의 밝기가 조절된다. 스마트시티에는 200미터 떨어져 있는 사람의 입 모양까지 읽어 내는 스마트카메라도 구석구석 깔린다. 도시의 사물들이 와이파이로 중앙 컴퓨터에 정보를 전달하면서 도시를 운영하는 것이다.

빅데이터 도시는 정치적으로 중립적이며, 전기, 디지털, 데이터베이스, 컴퓨터의 조합으로 다스려진다. 지역 관리는 더 효율적이라고 판단된 기계에 부분적으로 위임된다. 이데올로기 없이 자율적으로 관리되기 때문에 정치적 논쟁으로 가득한 시의회보다 낫다. 빅데이터 도시의 유일한 정치 강령은 시간과 공간의 효율성이다. 따라서 이 도시는 시민이 사는 곳이라기보다 구매 활동의 최적화를 요하는 소비자들이 사는 곳이다. 완벽하게 상업적인 세계다. 마침 인류는 갈수록 도시인이 되어 가고 있다. 지금은 세계 인구의 40퍼센트 정도가 도시에 살고 있지만, 2040년에는 이 수치가 70퍼센트에 이를 것으로 추산된다. 서로 경쟁 관계에 있는 대도시들은 장차 돈 많은 시민을 끌어들이기 위해 '스마트시티'를 선전 문구로 내세우게 될 것이다. 정보화된 도시 운영 덕분에 계속해서 더 많은 사람이 도시 주변으로 모여들면서 도시들은 갈수록 거대해질 것이다. 빅데이터 기업이 가치를 부여할 엄청난 양의 데이터와 2016년 기준 390억 달러로 평가된 수익성 높은 시장이 '스마트한' 시설로 무장한 '데이터 랜드'를 유지시키는 것이다. 동질적이고 투명한 이 통제된 생태계에서는 역시 동질적인 사람들이 길들여진 상태로 살아가게 된다. 폐쇄적이면서 안전한 고급 주택가들이 이미 확인시켜 주고 있듯이, 빅데이터 기업의 입장에서 디지털화된 장소는 감시가 가능하다는 점에서 안심이 되는 공간이자 돈이 되는 사업의 대상이다.

시인 라마르틴은 이렇게 물었다. "생명이 없는 물건들아, 너희에게도 영혼이 있느냐?" 있다, 감시자의 영혼이 있다. 사물의 각성은 감시의 시대에 기여한다. 이제 아이들은 깨어난 사물들 덕분에 계속 부모의 시선 아래 놓이게 될 것이다. '제모'라는 프랑스 의류 브랜드는 GPS가 내장된 아동용 점퍼를 벌써 상품화했다. 책가방 형태로 된 제품도 나와 있다. 우리 건강을 감시하기 위한 사물인터넷도 존재한다. 가령 마이크로소프트는 인터넷에 연결되는 디지털 저울을 내놓은 데 이어, '웨어러블wearable' 기기라는 용어를 만들어 냈다. 몸에 지니는 형태의 스마트센서로 각종 수치를 지속적으로 측정해 주는 것이다. 몇 걸음을 걸었는지 세고, 몇 칼로리를 먹었는지 계산하고, 심박 수나 혈압을 기록하고, 수면의 질을 평가하고……. 현재 하이테크 대기업들이 몰려들고 있는 e‑헬스 시장의 규모는 2020년이면 490억 달러에 이를 것으로 보인다.

　최근 스마트밴드 제조사 위딩스는 한 연구를 후원했다. 하루 평균 걸음 수가 늘어나면 혈압이 현저하게 떨어진다는 알고리즘적 상관관계를 밝힌 연구였다. 보험업계는 이처럼 건강 관련 위험을 개인별로 수량화해 주는 기술에 반색을 표한다. 이미 미국의 일부 보험사는 가입자에게 최적의 체질량 지수를 유지하는 경우 보상을 해 준다는 조건을 내세워 스마트 체중계를 구비하도록 유도하고 있다. 가령 보험사 오스카는 2014년 12월부터 모든 고객에게 스마트밴드를 제공해 왔다. 자체 개발한 알고리즘으로 고객마다 각자의 프로필에 따라 매일 걸어야 할 최소 걸음 수를 정해 주고, 고객이 그 목표치를 달성할 때마다 1달러씩 지급한다. 그리고 그 금액이 월 최대 지급액인 20달러가 되면 자사의 협력사인 아마존에 가서 쓸 수 있는 상품권으로 돌려준다. "건강을 유지하는 고객에게는 보상을 해 주어야 하지 않겠는가?" 오스카의 창립자 한 사람이 어느 미국 언론 매체에 한 말이다. 이제 점점 더 많은 보험사가 '보험사의 이익에 협조하는' 데 동의하는 가입자에게 더 큰 보너스를 약속하고 있다. 어떤 보험사는 생명보험 가입 고객이 당사에서 지급한 스마트밴드를 차고 다니면서 헬스클럽에 몇 번 갔는지와 같은 정보를 제공하면 보험료를 15퍼센트까지 깎아 준다. 가입자의 건강 점수에 따라 보험료가 매달 조정되는 상품도 있다. 콜레스테롤 수치와 혈압 수치가 정상이면 1000점을 주는 식이다. 심리 상태의 변화도 물론 평가에 반영된다.

영국은 한발 더 나아가, 사회 복지에 해당 시스템을 적용할 준비를 하고 있다. 예를 들어 웨스트민스터에서는 주택 수당을 포함한 보조금을 주민의 스마트폰을 통해 공식적으로 기록되는 체육관 출입 횟수에 맞추어 지급하는 방안을 생각 중이다. 그리고 국가 차원에서는 싱크탱크 2020헬스의 표현대로 "건강에 적극 협력하는" 납세자에게는 세금을 감면해 주는 제도가 구상되고 있다. 의료용 스마트센서는 영국이 개발한 QALY(Quality Adjusted Life Year, 질보정생존연수), 즉 삶의 질을 반영해 생존 기간의 가치를 나타내는 건강 지표를 좀 더 정확히 산정하는 데도 도움이 될 것이다. 그 수치에 입각해 고가 의약품에 대한 보험 적용 여부를 결정할 수도 있을 것이다.* 미국에서 가장 영향력 있는 벤처 투자자 중 한 명인 프레드 윌슨은 이렇게 말한다. "빅데이터 기술 전문

---

* 어떤 약에 의해 생존 기간이 10년 연장된다고 할 때 최고의 건강 상태인 1로 10년을 산다면 QALY는 10으로, 0.5의 건강 상태로 산다면 5로 평가된다.

가는 정부의 돈을 아껴 주는 최고의 협력자다."[20] 일탈 행위로 공동체로 하여금 큰 비용을 치르게 하는 불량 시민을 잡아내는 '똑똑한 사물'에 힘입어, 이제는 건강을 순전히 개인의 문제로 보는 생각이 점차 자리를 잡아 가고 있다. 구글과 그 일당이 건강 코칭 사업에 뛰어드는 동시에, 사회에 대한 연대 책임에서 재빨리 벗어날 수 있는 절호의 기회인 셈이다. 실제로 사물인터넷은 본질적으로 사회 연대 정책에 속하는 공중보건 예산을 급격히 줄어들게 할 가능성이 크다. 더구나 자기 일은 각자 알아서 해야 한다는 자유지상주의 이데올로기를 지지하는 이들에게 복지국가는 장애물과도 같다. 탈성장*의 철학자 이반 일리치는 기술이 인간과 더 이상 조화를 이루지 못하면 결국 흉측한 혹이 된다고 말했다. 인간에게 이로움을 주는 게 아니라 인간을 모욕하고, 종속시키고, 망가뜨리게 된다는 것이다.

미국의 한 스타트업이 내놓은 스마트밴드는 '파블로크'라는 이름을 가지고 있다('파블로프'를 잘못 쓴 게 아니다). 스마트폰과 연동되는 제품인데, 사용자가 담배를 피우지 않겠다거나 손톱을 물어뜯지 않겠다거나 늦게 자지 않겠다는 등 스스로 정한 약속을 지키지 않을 경우 다소 강한 전기 충격을 보낸다. 턱의 움직임과 소리를 분석해서 먹는 속도와 양, 섭취 칼로리를 추론하는 이어폰

---

* 경제 성장은 인류에게 득보다 실이 되므로 성장을 멈추어야 행복할 수 있다고 이반 일리치는 주장한다.

도 있다. 정해진 칼로리를 넘어설 것 같으면 잔소리가 나온다. 보다시피, 빅데이터 기업이 권장하는 '자기 배려'는 고대 그리스인이 생각했던 자기 배려와는 별 상관이 없다.* 건강하고 조화로운 삶을 살아가기 위해 신체적·정신적 균형에 도움이 되는 자신만의 원칙을 따르는 게 아니라, 통계가 강요하는 본보기에 맞추는 것을 목표로 점수를 관리하는 식이기 때문이다. '똑똑한 사물'의 출현은 미셸 푸코가 걱정한 '규율적 규격화', 즉 사람과 행동을 본보기에 부합하게 만드는 일을 세계적 차원에서 강요하고 있다. 규격에 맞지 않는 것에 대한 죄책감이나 두려움으로 개개인이 자기 자신의 검열관이 되는 것이다. 실리콘밸리의 투사들은 자신들 덕분에 개인이 점점 더 자유로워지고 있다고 주장하지만, 실제로는 그와 정확히 반대되는 현상이 나타나고 있다.

빅데이터 기업은 우리 주변의 사물들을 살아 있는 기기로 바꾸어 놓은 데 이어, 다음에는 인간을 사물로 바꾸어 놓을지도 모른다. 미국의 한 스타트업은 피부에 이식해 전자 열쇠나 신용카드처럼 쓸 수 있는 무선 칩을 이미 시험하고 있다. 2015년에 스웨덴 기업 에피센터는 자원한 직원 250명을 대상으로 사무실 출입 때나 구내식당에서 계산할 때 쓸 수 있는 칩을 손 안에 심게 했다. 온라인 결제 시장의 대기업 페이팔은 알약처럼 삼키기만 하면 결

---

* 푸코의 개념인 '자기 배려souci de soi'는 '너의 영혼을 돌보라'라는 뜻의 고대 그리스어 'epimeleia heautou'에서 나왔다.

제 시에 비밀번호를 입력할 필요가 없게 해 주는 장치를 연구 중이다. 이 시유 칩의 변형으로는 전자 분신도 있다. 미국의 연구진이 개발한 기술로, 피부에 전자 회로를 스티커 문신처럼 붙여서 체온, 심박 수, 백혈구 수치, 혈압 등을 파악하는 것이다. 궁극의 인간 소외를 보여 주는 상징을 접할 날도 멀지 않았다. 빅데이터 기업의 상표를 피부에 새기고 다니는…….

왕들의 만찬

빅데이터 기업이 절대적 불평등을 초래하고 있다

> "이런 사람들 위에는 그들의 욕망을 채워 주고 그들의 운명을 돌봐 주는 일을
> 도맡는 거대한 후견 권력이 생겨난다. 이 권력은 절대적이고 세심하고 한결
> 같이 다정하다. 이는 부모의 권력과도 비슷하지만, 부모의 경우와 달리 인간
> 을 계속 어린아이 상태로 묶어 두려 한다."
> _알렉시 드 토크빌, 《미국의 민주주의》

2011년 2월 17일, 인터넷 업계의 거물 14인이 미국
대통령 버락 오바마의 초대로 백악관 만찬에 참석했다. 그리고 그
날 저녁, 오바마는 자신이 재선에 성공하면 에릭 슈밋을 상무부
장관에 앉히겠다는 생각을 품었다. 미국 정부는 당시 모습이 담긴
사진 두 장을 사진 공유 사이트 '플리커'를 통해 공개했는데, 언론
이 "왕들의 만찬"이라 칭한 그 자리는 빅데이터 기업들에 권력 장
악의 전기가 되었다. 실제로 실리콘밸리의 기업들은 컴퓨터과학자
이자 예측 분석 전문가인 레이드 가니가 만든 프로그램과 더불
어 2012년 미국 대통령 선거에서 오바마의 승리를 끌어낸 장본인
이다. 당시 오바마 선거 캠프에서는 50여 명의 컴퓨터과학자가 '비

밀 동굴'로 불리는 사무실에 몇 달간 틀어박혀 있었다. 이들이 하는 일은 네디즌의 댓글을 비롯해 인터넷에서 수집한 무수한 메타데이터를 처리해 오바마에게 투표할 가능성이 있는 유권자를 찾아내는 것이었다. 마음을 정하지 못한 사람들을 목표로 설정해서 맞춤형 설득으로 그들의 마음이 오바마 쪽으로 완전히 기울도록 공을 들이는 전략이었다. 유권자 개개인의 사정과 관심사를 고려해 차별화된 선거 운동을 펼친 것이다. 오바마는 앞선 2008년 대통령 선거에서도 빅데이터 기술의 도움을 받아 12억 통의 개인별 맞춤 메일을 보내는 전략을 쓴 바 있다. 2012년 프랑스 대통령 선거 때 프랑수아 올랑드 선거 캠프 역시 오바마 캠프의 홍보 사이트를 모방해 '프랑스식 비밀 동굴'을 만들었다.

100년도 더 전부터 정치인들은 유권자의 기대에 부합하는 선거 공약을 내놓기 위해 여론조사 기관이 제공하는 분석 자료를 활용해 왔다. 그런데 이제, 수십억 데이터를 처리해 개인의 정치 성향과 이런저런 결정에 대한 잠재적 반응을 알아낼 수 있는 빅데이터 기업이 등장하면서 우리는 또 다른 단계에 접어들었다. 1000여 명의 응답자를 대상으로 한 표본 조사에 기대는 것이 아니라, 개개인의 마음속 깊이 자리한 신념까지도 데이터로 다룰 수 있게 된 것이다. 더구나 이 도구는 오바마의 사례에서 확인되었듯 부동층을 찾아내 그들의 표를 끌어냄으로써 선거 결과에도 영향을 미친다. 미국 민주주의에서 가장 중요한 선택이 빅데이터의 지배자들 손에 쥐어져 있다는 말이다. 그렇다면 구글이 선거 결과를 뒤집을 수도 있을까? 《미국국립과학원회보Proceedings of National Academy of Science》에 실린 연구에 따르면 그럴 수도 있다.[21] 해당 연구에서 두 미국 학자는 오스트레일리아 성인 2100명을 세 그룹으로 나누고, 이들로 하여금 2010년 오스트레일리아 총리 선거 후보 두 사람 중 한 명의 이름을 검색 엔진에 입력하게 했다. 후보별로 긍정적인 기사, 부정적인 기사, 중립적인 기사 중 어떤 것이 먼저 뜨게 할지 조작해 둔 검색 엔진을 이용한 실험이었다. 실험에서 어떤 후보에 대한 투표 의사는 검색 엔진이 제시하는 방향에 따라 37퍼센트의 변화를 보이는 것으로 확인되었다. 전통적인 언론과는 비교가 안 될 정도로 영향력이 컸다. 연구에서 강조했듯이 네티즌은 신문이나 텔레비전 뉴스에서 말하는 것에 대해서는 갈수록 불신을 드러내면서도 인터넷으로 검색한 정보는 크게 신뢰하며, 검색 엔진의 중립성을 철석같이 믿었다.

두 연구자는 인터넷 검색 결과가 투표에 미치는 영향이 민주주의 시스템에 위협이 된다는 결론을 내렸다. 철저한 데이터 분석에 근거한 정치적 마케팅 시스템에 처음 동조한 대통령이 민주당 출신이라는 사실은 디지털 대기업의 지배하에 놓인 민주주의 사회의 일탈을 여실히 보여 준다. 음악 스트리밍 서비스 회사인 스포티파이는 사용자들이 어떤 음악을 내려받는지에 따라 미국에서 민주당과 공화당 중 어느 쪽이 승리할지도 알 수 있다고 단언하지 않던가?

2015년 4월, 힐러리 클린턴은 민주당 대통령 경선에 출마하면서 구글의 '시민 혁신 및 사회 영향' 부서 책임자 스테파니 해넌을 영입해 "SNS와 디지털 시대의 유권자들과의 새로운 관계를 만들어 내는" 임무를 맡겼다. 해넌은 프로그래머와 엔지니어 사단으로 팀을 꾸렸고, 유권자 동원, 선거 운동원 모집, 선거 자금 모금을 위한 애플리케이션을 개발했다. 전략은 성공적이었다. 힐러리는 석 달간 4500만 달러를 끌어모으면서 분기별 선거 자금 모금 액수에서 역대 최고를 기록했다. 빅데이터는 유권자를 설득하기 위한 결정적 한 수만 알려 주는 것이 아니라 알고리즘을 통해 선거 자금 모금에도 기여함으로써, 엄청난 돈이 투입되는 미국 선거판에 꼭 필요한 도움을 주는 것이다. 실제로 2012년 미국 대선에 들어간 비용은 26억 달러에 달했다.

정치인과 빅데이터 기업의 관계가 일방적인 것은 물론 아니다. 빅데이터 기업들은 자기들이 만들어 낸 '챔피언'이 투자로 보답해 주기를 기대하며, 정치인을 자신들의 꼭두각시로 만들 수 있다고 생각한다. 정치인을 노예로 만들어 유용하게 이용하려 하는 것이다. 빅데이터 기업과 정보기관의 융합은 정치인에 대한 감시의 강도를 한층 높일 수 있게 해 주었다. NSA의 알고리즘은 전설적인 FBI 국장 존 에드거 후버가 했던 것보다 훨씬 효율적으로 기밀과 비리를 찾아낸다. 사실 미국 정보기관은 정부의 일부일 뿐이지만, 빅데이터 기업과 결합하면서 그 어느 때보다 강력한 힘을 갖게 되었다. 정보기관을 존재하게 한 세력에 맞설 수 있을 만큼의 힘이다.

막강한 힘과 야심을 가진 초다국적 빅데이터 기업들은 선거를 통해 정부를 구성하는 방식에 대해 이의를 제기한다. 빅데이터를 이용하면 사람들의 모든 욕망과 욕구와 기대를 알 수 있을 뿐만 아니라 그것이 드러나기도 전에 충족시켜 줄 수 있는데 시대에 뒤떨어진 정치인들이 낡은 방식으로 권력을 구현하는 제도가 왜 필요하단 말인가? 권력이 더 이상 정치인의 손에 있지 않다는 것을 입증하듯, 거대 투자 은행 모건스탠리의 부사장 루스 포랫은 2013년에 재무부 차관 직은 거절했지만 이후 구글의 재무 책임자 자리는 수락했다. 오바마 대통령이 에릭 슈밋을 상무부 장관으로 만들지 못한 것과 같은 맥락이다. 실리콘밸리는 데이터에 의한 통치를 원한다. 정치적 논쟁에서 벗어나 성과에 집중하고, 법을 알고리즘적인 규칙으로 대체하는 것이다.

공공 데이터 관련 비영리 단체 코드포아메리카Code for America의 설립자이자 미국 정부의 과학 기술 고문을 역임한 제니퍼 폴

카는 구글 사내 강연에서 정부가 인터넷처럼 기능해야 한다고 강조했다. 기술이 사회에 미치는 영향을 주로 다루는 저널리스트로서 《세상을 구하려면 여기를 클릭하시오: 기술 해법주의의 어리석음To Save Everything, Click Here: The Folly of Technological Solutionism》[22]이라는 책을 쓴 예브게니 모로조프도 데이터의 권력 장악과 정치의 종말을 이야기한 바 있다. "이 똑똑한 세상은 우리 삶을 더 효율적으로 만들어 줄 뿐만 아니라, 흥미로운 정치적 선택 앞에 우리를 데려다 놓는다. 우리의 일상적 행동의 많은 부분이 이미 수집되고 분석되었다면, 규제에 대한 비경험적 접근법을 고수할 이유가 뭐가 있는가? 센서와 피드백 메커니즘이 있는데 왜 법에 의존해야 하는가?" 그래서 그는 이렇게 강조한다. "정치적 개입이 꼭 필요하다면 기술의 도움을 받으면 되지 않는가? 이 새로운 형태의 통치를 이름하여 '알고리즘적 규제'라고 한다. 실리콘밸리가 정치 프로그램을 생각하고 있다면 바로 그런 형태일 것이다." 상상력과 열의를 쏟아 가며 복잡하게 대처해야 하는 원인들을 관리하는 대신에 결과를 통제하는 것이다.

빅데이터는 정치인들이 설 자리를 빼앗는다. 민주주의의 본질을 제거하고 껍데기만 멀쩡하게 남겨 두려는 눈에 보이지 않는 쿠데타가 벌어지고 있다. 남은 것은 제도라는 겉치레와 선거라는 신성화된 행사뿐이다. 시민권이라는 것도 고대 그리스가 물려준

케케묵은 유물에 지나지 않는다. 고대 그리스 아테네에서 시민은 세상의 중심이었고, 시민권을 행사하는 것은 삶에 리듬을 더해 주는 일상적인 일이었다. 그런데《내용 없는 인간》의 저자인 이탈리아 철학자 조르조 아감벤이 안타까워했듯이, 이제 시민권은 "법률상의 지위 및 갈수록 여론조사를 닮아 가는 투표권 행사"로 축소되었다.[23] 더구나 서구 사회에서는 대중의 정치적 무관심이 확대되면서, 시민이 데이터 생성자이자 소비자로만 남기를 갈망하는 빅데이터 기업을 도와주고 있다.

오바마가 "우리에게는 인터넷이 있다"고 말했을 때 그는 그 새로운 현실을 시사하고 있었다. 미국의 힘은 디지털 대기업들에 달려 있다는 것을 말이다. 인터넷은 미국이 세계에 대한 주도권을 유지할 뿐만 아니라 강화하는 환상적인 기회를 선사했다. 언제나 '더 빨리 더 멀리'를 외치는 통신 기술에의 열광은 거대한 그물을 만들어 냈고, 이제 지구상에서 생성되는 모든 정보는 그 그물에 걸려들게 되었다. 어떤 정복 전쟁도 이 같은 성과를 거두지 못할 것이다. 게다가 미국은 더 많은 영토를 무리하게 소유하려고 애쓴 적도 없다. 미국에 중요한 것은 세계를 정복하는 것이 아니라 세계를 지배하는 것이다. 미국은 갈수록 인구가 줄어들고 있지만(세계 인구의 5퍼센트가 안 된다) '늙은' 유럽보다 15년 앞서 정보권의 지배에 눈을 돌렸고, 정치인의 권력을 GAFA에 넘기면서 현실에 적응해 왔다. 그리고 이제는 정부와 디지털 기업의 교배를 통해 새로운 실체를 만들어 내고 있다. 정부 기관의 이익과 디지털 산업이 탄생시킨 극소수 지배 집단의 이익은 그 실체를 통해 한 덩어리가 되어 굴러간다.

인터넷 경제는 세계화의 본질 그 자체다. 어떤 경계선도 인터넷을 저지하지 못하며, 데이터와 그 파생물인 정보는 어떤 경계에도 갇히지 않는다. 인터넷 업계의 경영자들이 정치인에게 기대하는 것은 세금 문제에서 치외법권을 자유롭게 이용하도록 내버려 두는 절대적 방임밖에 없다. 2014년에 페이스북은 프랑스에서 2억 6600만 유로를 벌어들인 것으로 추정되는데, 기술적인 재정 운용 덕분에 프랑스 국세청에 낸 세금은 정상적인 금액의 109분의 1도 안 되는 31만 9167유로에 불과하다.[24] 실제로 페이스북은 절세의 달인으로 통한다. 예를 들면, 페이스북은 프랑스 네티즌을 상대로 얻는 광고 수익을 더 많이 챙기기 위해 법인세율이 프랑스의 거의 3분의 1 수준인 아일랜드에 유럽 본사를 만들었다. 많은 하이테크 기업이 아일랜드로 향하는 것도 그 때문이다. 게다가 아일랜드에는 다국적 기업들을 위한 또 하나의 숨은 장점이 있다. 아일랜드 영토 안에 회사를 세워도 세무상 주소지는 애플처럼 영국령 버진아일랜드 같은 해외 조세 피난처에 둘 수 있다는 것이다.

아일랜드는 유럽 무역 상대국들의 압력에 밀려 그 같은 일이 가능하게 했던 조세법 조항을 최근에 폐지했다. 하지만 이미 '더블 아이리시double irish[*] 기법을 쓰고 있는 다국적 기업들에는 2020년 까지 유예 기간이 주어졌다. 2015년 10월, 유럽위원회는 애플과 아마존이 아일랜드와 룩셈부르크에서 누려 온 세금 혜택이 불법 이라고 판결했다. 2015년에 597억 달러의 개인 자산으로 세계 재벌 순위 4위에 오른 인물을 CEO로 둔 아마존이 프랑스에서 거둔 수익을 룩셈부르크에 신고하는 방식을 그만둔 것도 유럽 국가들의 압력 때문이다. 그러니 빅데이터 기업들이 영해 바깥에 세금이 존재하지 않는 국가를 만드는 '해상 도시국가' 프로젝트에 왜 그렇게 열광하는지도 이해가 된다. 공통의 금전적 이해관계를 추구하기 위한 섬이 필요한 것이다.

애플은 2015년 일사분기에 180억 달러의 수익을 올리면서 사상 최고의 분기별 매출을 기록했다. 애플이 보유한 가용 현금도 2016년 기준 2160억 달러에 이른다. 애플의 수익 대부분이 조세 피난처에 신고된 것처럼, 애플의 '군자금'은 세금을 피하기 위해 미국 바깥에 예치된다. 미국 국세청이 눈감아 주는 합법적인 탈세다. 미 의회가 애플이 좀 지나치다고 항의하는 사람들에게 떠밀려 애플 CEO 팀 쿡을 청문회에 불렀을 때도 한 편의 촌극이 연출되었다. 의원들이 팀 쿡을 도마에 올리기는커녕 찬사를 늘어놓았기

---

[*] 아일랜드의 독특한 세법을 이용해 아일랜드에 두 개의 법인을 세워 세금을 줄이는 방식.

때문이다. "애플을 좋아한다, 팬이다"라고 고백하는 의원이 있는가 하면, 애플을 친양하는 의원도 있었다. "그야말로 초현실주의적인 청문회가 벌어진 것이다. 미국 기업 역사에 기록될 특별한 순간이 었다." 미국 하이테크 산업에 대한 전문가인 역사학자 마거릿 오마라의 말이다.[25] 2015년 초 유럽이 구글의 시장 지배적 지위 남용과 페이스북의 사용자 사생활 보호 문제를 거론하며 불만을 드러냈을 때는 오바마 대통령이 직접 나서서 이렇게 말하기도 했다. "유럽이 구글과 페이스북을 공격하는 것은 핑계에 지나지 않는 사생활 보호 때문이 아니라, 두 기업을 저지하려는 상업적인 이유 때문이다."

스탠퍼드대학 교수이자 《반문화에서 사이버 문화로From Counterculture to Cyberculture》[26]의 저자인 사회학자 프레드 터너가 분석했듯이, 빅데이터 기업들이 엄격한 규제를 싫어하는 것은 "그들이 정부보다 더 나은 규칙을 만들어 낼 수 있는 전문가이기 때문"이다. 그들이 외부에서 강요하는 윤리적 규칙을 싫어하는 것 또한 "그들의 윤리적 판단이 더 우월하기 때문"이고 말이다. 빅데이터 기업의 근원적 이데올로기는 자유지상주의다. 시장의 법칙을 극단으로 밀고 나가, 규제적 제한 없이 무엇이든 사고팔 수 있기를 바란다. 마침 이 길에는 걸림돌도 없다. 유일한 이데올로기적 대안인 공산주의는 무능하면서 자유까지 침해하는 괴물을 탄생시켜 스스로 망가지며 소멸했기 때문이다. 부의 축적은 과도한 탐욕으로 인해 이제 그 자체로 절대적인 목적이 되었다. 오늘날 세계 최고의 부자로 꼽히는 62명은 하위 50퍼센트에 해당하는 35억 명의 재산을 모두 합한 만큼의 재산을 가지고 있으며,[27] 그중 1위에 해당하는 빌 게이츠의 재산은 790억 달러에 이른다. 페이스북의 CEO 마크 저커버그는 2015년에 세계 부자 순위 20위 안에 들었고, 스마트폰 사진·영상 공유 애플리케이션 '스냅챗'의 개발자인 에번 스피걸은 같은 해에 스물넷의 나이로 최연소 억만장자라는 칭호를 얻었다. 2015년 7월 18일에 구글의 공동 창업자 래리 페이지와 세르게이 브린은 구글 주가의 폭등으로 단 하루 만에 재산이 각각 40억 달러씩 늘어났다. 에릭 슈밋의 개인 자산도 100억 달러가 넘는다. 에릭 슈밋은 미국의 하이테크 스타트업이 "경제적 불평등 문제에 대한 해결책"이 될 것이라고 단언한 바 있다. 구글이 추진하거나 후원하는 기술 프로젝트가 아프리카의 교육이나 당뇨병 환자들의 건강을 개선해 왔다고 주장하기도 했다. 프랭크 파스콸레가 지적했듯이, 그 기업들이 세금, 독점금지법, 사생활 보호와 관련해 합법성의 경계를 넘나들 수 있는 것은 역시나 "통치 엘리트와의 친분 덕분"이다.[28] 실리콘밸리, 뉴욕 금융가 중심부, 워싱턴 정보기관 수뇌부 사이의 연합은 갈수록 단단해지고 있다.

머리 셋 달린 히드라를 닮은 이 괴물 같은 실체는 절대적 불평등과 총체적 감시의 미래를 꾸미고 있으면서도 우리에게는 아주 '프렌들리friendly'한 하나의 얼굴만을 보여 준다. 그리고 자신이 만들어 낸 새로운 영웅들을 앞세워 미국의 힘을 유지시킨다. 빌 게이츠, 스티브 잡스, 래리 페이지, 마크 저커버그 같은 이들을 통해 능력만 있으면 무엇이든 할 수 있다는 개척자의 스토리텔링과 오바마의 "예스 위 캔Yes we can"을 부각하는 식이다. 어쩌면 다 나쁘게만 볼 일은 아닌지도 모른다. 구글은 나쁜 짓을 하지 않고도 돈을 벌 수 있음을 보여 주겠다면서 "악해지지 말자Don't be evil"라는 슬로건까지 내걸지 않았는가.

구글이 망쳐 놓은 것
디지털 기술이 우리의 인지 구조를 바꾸고 있다

"일단 관심을 얻어야 마음속과 머릿속을 정복하는 것도 기대할 수 있다."
_에릭 슈밋, 2011. 6.

로스앨토스는 미국 캘리포니아주에서 부유한 지역 하나다. 세쿼이아와 살구나무가 심긴 넓은 길들이 뻗어 있는 주거 도시로, 구글 본사가 있는 마운틴뷰와 접해 있다. 이 도시에는 인터넷이 안 되는 학교가 존재한다. 월도프 스쿨이라는 곳인데, 학생 4분의 3이 휼렛 패커드, 애플, 야후, 구글 직원의 자녀다. 이 학교에 다니는 아이들은 빅데이터 기업의 영지인 실리콘밸리 한가운데서 살고 있지만 4학년이 될 때까지는 스마트폰, 태블릿, 컴퓨터를 만질 수 없다. 디지털 산업의 주역들이 다른 이들의 자녀를 위해 마련한 세계로부터 정작 자기 아이는 보호하려고 신경 쓰고 있는 것이다. 트위터 공동 창업자 에번 윌리엄스는 자기 아이들에게 아이패드를 주기보다는 종이책을 수백 권씩 사다 준다. 애플 창업자 스티브 잡스는 집에서 가족끼리 저녁 식사를 할 때 아이폰이나 아이패드의 사용을 엄격하게 금지했다. "매일 저녁 잡스는 주방의 커다란 식탁에서 가족과 식사를 하면서 책과 역사, 그 밖의 여러 주제에 대해 이야기를 나누었다. 어느 누구도 아이패드나 컴퓨터를 꺼내지 않았다. 아이들은 어떤 기기에도 중독되지 않은 것처럼 보였다." 스티브 잡스의 전기를 쓴 작가가 《뉴욕 타임스》에 밝힌 사실이다.[29] 최근 프랑스에서는 아동정신의학자, 소아과 의사, 심리학자, 교사, 언어치료사가 언론 좌담회를 통해 "아이들을 태블릿으로부터 떨어뜨려 두라"고 호소했다. 인터넷에 많이 노출된 유아와 그렇지 않은 유아를 비교한 결과, 인터넷이 일련의 해로운 영향을 미치는 것으로 확인되었다는 설명이다. 태블릿이 주된 자극 도구가 될 경우 "주의력 장애를 키우고, 언어 발달을 지연시키고, 인과율과 시간 개념의 형성을 방해하고, 국소적·전체적 운동성의 발달에 피해를 주고, 조화로운 사회화에 해를 끼치는" 등의 결과를 가져온다는 것이다.[30] INSERM(Institut National de la Santé Et de la Recherche Médicale, 프랑스국립보건의학연구소)의 신경과학 책임 연구원 미셸 데뮈르제는 디지털 화면에의 장시간 노출이 인지 기능 발달에 중대한 부정적 영향을 초래한다는 사실이 과학적으로 확인되고 있음을 강조했다.

하지만 연구자들의 이런 우려에도 애플의 영향력을 확장하느라 여념이 없던 스티브 잡스를 막지는 못했다. 세상을 떠나기 얼마 전, 잡스는 아이들이 학교에서 종이로 된 책이 아니라 아이패드로 글자를 배우게끔 초등학교들에 압력을 넣으라고 마케팅 팀에 지시했다. 학교를 자사 제품 보급의 교두보로 이용하고, 아이들을 최대한 빨리 디지털 기기에 길들여 미래의 구매자로 키우려는 목적이었다. 애플은 다른 태블릿 제조사들을 물리치고 자사 제품을 학교에 들여보내기 위해서, 아이패드에 콘텐츠를 추가할 때마다 로그인을 요구하던 신성 불가침적 사용 규칙까지 완화했다.

전자책 시장은 일단 태블릿을 판매한 뒤에도 계속 돈을 벌어들이게 해 준다는 점에서 돈줄로 여겨진다. 가령 아이패드로 전자책을 다운받으면 전자책 수익의 일부가 애플에 돌아간다. 따라서 세계적으로 1억 7000만 대가 넘는 아이패드를 판매한 애플은 이미 상당한 정기적 수입을 확보한 셈이다. 게다가 사용자가 전자책을 읽는 행동 자체도 돈이 된다. 전자책 단말기에는 사용자의 독서 습관을 살피는 스파이웨어가 가득 들어 있다. 일례로, 전자책 단말기 제조의 세계적 선도자이자 프랑스 도서 유통업체 프낙의 협력사인 코보는 2014년 12월에 2100만 사용자의 데이터베이스에 대한 분석 결과를 발표했다. 정치 저널리스트 에리크 제무르의 최근 책을 구매한 독자 중 7.3퍼센트만이 끝까지 읽었고, 방송 기자 발레리 트리에르바일레의 책을 내려받은 사람 중 3분의 1이 중간에 읽기 말았다는 식이냐. 빅데이터 기업들은 책 선택과 책 읽는 방식에서 귀중한 정보를 수집한 다음, 소비자를 좀 더 잘 공략하고 싶어 하는 출판사와 광고주에게 팔아넘긴다. 프랑스에서 전자책 무제한 다운로드 서비스를 제공하는 두 업체도 사용자의 데이터를 수집해 운용 자금을 조달한다. 예를 들어 유북스YouBoox는 독자들의 프로필에 접근할 수 있는 전용 사이트를 출판사 측에 제공한다.

전자책의 등장은 단지 책의 비물질화의 문제가 아니다. 전자책은 다양한 하이퍼텍스트 링크를 통해 책을 '보강'하고 '풍부하게' 하고 '역동적'으로 만든다. 인터넷 연결 통로를 제공해 온갖 종류의 주석, 소리, 영상으로 독서를 방해하는 것이다. 빅데이터 기업이 추구하는 목표는 한결같다. 접속 시간, 즉 '돈이 되는' 시간이 길어지게 만드는 것이다. 종이책을 읽는 것, 다시 말해 인터넷에 접속하지 않은 상태의 독서 행위는 데이터를 생성하지 않기 때문에 빅데이터 기업에는 상업적으로 아무런 이익이 되지 않는다. 《생각하지 않는 사람들》의 저자인 니컬러스 카의 말을 빌리자면, "인터넷 기업들이 가장 바라지 않는 일은 천천히 여유롭게, 혹은 집중해서 책을 읽도록 독려하는 것이다. 그들의 입장에서는 산만함을 독려해야 경제적으로 이득이 되기 때문이다."[31] 디지털 독자는 '초연결형 개인'의 연장선상에 있다. 정신없이 여기저기 날아다니는 벌처럼 강박적으로 '꿀 모으기'에 몰두하면서, 이 주제에서 저 주제로 계속 옮겨 다닌다. 결국 생각은 분산되고, 사고는 짧게 경련하듯 이루어진다. 이와 관련해 철학자 로제 폴 드루아는 이렇게 경고했다. "끊임없이 이어지는 정신적 접속과 차단, 다양하고 이질적인 정보의 지속적 누적, 스크린과 메시지, 온갖 성향의 유혹에 대한 중독은 생각하는 방식뿐만 아니라 느끼는 방식까지 근본적으로 변화시킬 위험이 있다."[32]

최근 밝혀진 바에 따르면, 전자책을 읽을 때와 종이책을 읽을 때 우리 뇌에서는 각기 다른 영역이 활성화된다. 이는 전자책이 우리의 사고 구조 자체에 크게 영향을 미칠 수 있다는 증거다. 게다가 전자책을 읽으면 메시지 수용력이 떨어지고, 따라서 내용에 대한 이해력도 떨어진다. 캐나다 앨버타대학의 한 연구진은 이 문제와 관련해 시사하는 바가 큰 실험을 진행했다. 실험군을 둘로 나누어 동일한 소설을 각각 종이책과 전자책으로 읽게 했더니, 전자책을 읽은 쪽은 75퍼센트가 스토리를 따라가기 어려웠다고 답한 반면에 종이책 쪽은 10퍼센트만 그같이 답한 것이다. 아동 발달 문제 전문가인 캘리포니아대학 심리학 교수 퍼트리샤 그린필드는 인터넷을 많이 하면 "심층 지식의 습득과 귀납적 분석, 비판적 사고와 상상, 성찰의 능력이 약화될 수 있다"고 단언한다.[33] 이 같은 우려를 표하는 학자가 그린필드만은 아니다. 캘리포니아대학 정신의학과 교수인 셰리 스볼은 "급증하는 디지털 기술이 우리의 생활과 소통 방식만 바꾸는 게 아니라 우리의 뇌도 빠르게, 그리고 크게 변화시키고 있다"고 경고한다.[34] 기술이 우리의 지각적 도식을 이렇게 단시간에 크게 변화시킨 적은 없었다.

빅데이터 기업의 입장에서는 정말 고맙게도, 자극을 좋아하는 인간의 뇌는 손쉬운 먹잇감이다. 구석기 시대에는 산만함이 생존의 조건이었다. 주의를 360도로 분산해야 주변 소음 속에서 위험 신호를 감지하고 대비할 수 있기 때문이다. 정신을 '대기 모드'로 여기저기 분산해 놓고 작은 소리나 새로운 냄새, 수상한 움직임을 경고 신호로 포착해야 했던 것이다. 따라서 하나의 대상에 너무 오래 주의를 집중하는 것은 생명에 위협이 될 수 있는 행동이었다. 이른바 '보이지 않는 고릴라' 실험은 뇌가 한 가지 일에만 집중하면 나머지 다른 것은 얼마나 무시하게 되는지를 잘 보여 준다. 실험 참가자들에게 농구 경기 영상을 보여 주면서 흰색 유니폼을 입은 선수들의 패스 횟수를 정확히 세어 보라고 시키면, 참가자 절반은 영상 중간에 고릴라로 분장한 선수가 가슴을 두드리면서 경기장을 가로질러 가도 그 사실을 인지하지 못한다는 내용이다.

디지털의 유혹에 길든 뇌는 계속해서 그 자극을 요구한다. 식품 가공업계가 기름지고 달고 짠 음식에 끌리는 우리의 본능적 욕구를 이용해서 쇼핑 카트를 필요 이상으로 가득 채우게 만드는 것과 마찬가지로, 디지털 기업은 우리의 뇌가 끊임없이 정보를 모으려는 성질을 지녔음을 이용한다. 휴대전화상의 지속적인 신호는 인위적인 자극을 유발하고, 이 자극은 일종의 디지털 최면을 통해 자제력 상실을 초래한다. 우리의 주의력은 대개는 무의미한 수많은 것에 사로잡힌 채, 더 이상 한 가지에 집중하지 못하고 퍼즐 조각처럼 분산된다. 집중하는 능력, 깊게 사고하는 능력을 잃게 되는 것이다.

매사추세츠주 터프츠대학에서 아동 발달을 연구하는 심리학자 메리앤 울프는 이렇게 우려를 표하기도 했다. "시간을 되돌려서 디지털 시대 이전으로 돌아갈 수는 없을 것이다. 하지만 인류의 '인지적 레퍼토리'에서 무엇을 잃고 얻게 되는지 알지도 못한 채 앞으로 나아가기만 해서는 안 된다."[35] 열중해서 책을 읽는 일은 점차 드물어지고 있다. 이 주제 저 주제로 옮겨 다니는 것에 뇌가 익숙해진 나머지, 프루스트나 톨스토이를 읽는 일은 일종의 자기와의 싸움이자 힘든 수련이 되어 버렸다. 그러나 빅데이터 사회를 강도 높게 비판한 《디지털 지배: 인터넷과 신기술은 어떻게 우리 삶을 정복했는가L'Emprise numérique: Comment Internet et les nouvelles technologies ont colonisé nos vies》[36]의 저자 세드리크 비아지니가 말했듯이, 책은 "막대한 네트워크와 끊임없이 밀려드는 정보나 유혹도 미치지 못하는 최후의 보루 중 하나"나. "송이책은 선형성과 유한성을 통해 속도의 숭배를 저지하는 침묵의 공간을 만들어 내고, 혼돈의 한가운데서 일관성을 유지할 수 있게 해 준다"는 것이 비아지니의 설명이다. 이제 사람들은 글을 읽을 때 깊이 파고들지 않으며, 물수제비를 뜨듯이 표면에만 머문다. 웹은 현실 세계를 단순화하는 기계가 되었고, 언어 자체도 단순화의 대상이 되었다. 생각을 140자로 압축해서 표현하게 되어 있는 트위터가 대표적인 사례다.[*]

오늘날 인터넷 사용이 많은 일부 아이들은 초등학교를 졸업한 뒤에도 500개 정도의 어휘만을 사용한다. 빅데이터 기업의 꼭두각시들은 언어를 빈약하게 만드는 데 일조하면서 의미의 다양성을 감소시키고, 세상에 대한 이해 방식을 단순화·획일화한다. 그들은 비판 정신이 억압되어 있어서 시스템을 재검토할 생각도 하지 못한다.

학교는 인터넷에서 벗어나 비판 정신을 길러 주는 성찰과 저항의 장소가 되어야 함에도 오히려 그 같은 흐름에 동조하고 있다. 2014년에 프랑스 교육부 장관에 오른 나자 발로 벨카생은 모든 5학년 교실에 필요 장비를 갖추게 하는 것을 시작으로 이른바

---

[*]　현재는 영어를 포함한 일부 언어에 대해서는 글자 수 제한이 280자로 늘어났다.

'디지털 교육을 위한 태블릿' 계획을 무모하게 추진했다.* 3년간 10억 유로를 들여 디지털의 대약진을 이룸으로써 프랑스를 'e-교육의 리더'로 만들겠다는 발상이었다. 이 계획에 반대하는 교사는 거의 없었다. 감정의 자극적 발산에 중독된 나머지 학교를 지루한 곳으로 여기게 된 학생들의 관심을 되돌릴 수 있으리라는 기대감 때문이었다. 그러나 《알고리즘적 삶La Vie algorithmique》[37]의 저자인 철학자 에리크 사댕이 지적했듯이 교육은 "유익한 형태의 거리 두기"를 도와줄 수 있어야 한다. 그리고 종이책이 하는 일이 바로 그것이다. "종이책은 물리적으로는 그 자체로 닫혀 있지만, 온갖 지식과 상상의 세계에 대한 경험을 얻게 해 주는 열린 사물이기도 하다. 종이책이 선사하는, 혹은 종이책을 통해 얻는 타자의 시선과 집중은 깊은 사고와 지식의 숙성에 꼭 필요하다."

사댕은 "정치권력이 디지털 산업의 로비 활동에 따른 압력에 점점 더 많이 휘둘리고 있는" 상황에 안타까움을 드러낸다. 이제 전통적인 학교는 전자화된 교사, 즉 '무크Mooc(Massive Open Online Course)'라고 불리는 온라인 공개 수업과도 경쟁하는 처지가 되었다. 수백만 명의 학생이 동시에 들을 수 있는 온라인 공개

---

* 프랑스 학제는 초등학교 5년, 중학교 4년, 고등학교 3년으로 되어 있다. 초등학교 1학년을 11학년으로 하여 숫자가 줄어들면서 학년이 올라가고, 고3은 최종학년이라고 부른다. 따라서 여기서 말하는 5학년은 중학교 과정의 두 번째 학년(우리나라로 치면 중학교 1학년)에 해당한다.

수업은 교사의 비물질화를 의미한다. 창의력과 지적 도전의 원천인 인간이 지식을 역시로 수입하는 자동화된 장치로 대체되고 있는 것이다. 요즘 학교는 시민을 양성하는 것이 아니라 디지털 경제에 최적화된 개인, 기껏해야 비판적인 소비자밖에 안 되는 개인을 만들어 낸다.

역사학자이자 콜레주 드 프랑스의 교수인 마르크 퓌마롤리의 표현을 빌리자면, 빅데이터 기업들의 의도는 "인간을 실용적이고 조작 가능한 수량의 세계에 가두는" 데 있다.[38] 그들은 소비의 순간이 연속되는 즉각적인 시간에 빠진 사회를 원한다. 인간은 계속해서 다양한 시대를 경험해 왔지만, 지금 우리가 살아가는 시대는 정말로 이제까지와는 다르다. 고대 그리스 전문가이자 '현재주의présentisme'라는 표현을 만들어 낸 역사학자인 프랑수아 아르토도 이를 확인해 준다. "이 현재는 스스로 자신의 기준이 되고자 하는 현재, 자족적이고자 하는 현재다. 어떤 의미에서 이 현재에는 지금의 시대가 필요로 하는 과거와 미래까지 모두 포함된다. 일종의 영원한 현재, 끝이 없는 현재의 특성을 지녔다고 할 수 있다."[39] 이러한 시간 안에서 유일한 기준은 '순간'이다. 다시 말해, 기준이 없는 것이나 마찬가지다. 니체가 말했듯이 "순간은 왔는가 싶으면 가고 없는 것, 그 이전에도 이후에도 아무것도 없는 것"이기 때문이다. 선적인 시간은 소멸되는 것이다. 더구나 웹상에는 원래 처음도 끝도 존재하지 않는다. 그런 의미에서 빅데이터 기업들은 역사학의 시조인 고대 그리스 역사가 헤로도토스를 주목하게 만든다. 로제 폴 드루아가 강조했듯이, 2500년 전에 인류 최초의 역사서를 저술한 헤로도토스는 사건을 기술하는 데 그치지 않고 "눈앞의 결과를 낳은 일들의 흐름을 거슬러 올라가고자" 했다. 그는 서구 문화에 연속성의 개념을 도입함으로써 우리가 쭉 이어지는 하나의 선의 일부임을, 따라서 우리 이전에 존재했던 이들이 물려준 것을 관리해야 하는 동시에 우리 이후에 존재할 이들에 대해 책임을 져야 하는 위치에 있음을 의식하게 만든 것이다. 미래 세대에 대한 연대감의 소멸은 기후 급변에 직면한 인류에게 아주 큰 대가를 치르게 할 위험이 있다.

연대기와 역사의 지표가 사라지면 사건의 순서를 매기지 못하는 혼란이 유발된다. 각자는 시간의 깊이를 잃은 채, 모든 게 같은 높이에 있고 모든 것의 가치가 비슷한 밋밋한 세상에서 살아가게 된다. 학교도 이에 대한 치유책이 되지는 못할 것으로 보인다. 학교의 역사 교육이 연대기적으로 가르치는 방식에서 주제별로 다루는 방식으로 점차 바뀌었기 때문이다. 이제는 역사가 중요하지 않은 것이 되었을 뿐만 아니라 서사敍事라는 개념 자체도 무너졌다. 빅데이터 기업은 호메로스의 업적도 망쳐 놓았다. 이 고대 그리스의 시인은 《일리아스》와 《오디세이아》를 통해 서구 문명의 토대가 되는 서사를 만들어 냈다. 시민을 양성하고 개인과 공동체를 형성하기 위한 가르침이 담긴, 인생의 학교라고 할 만한 작품을 남긴 것이다. 그러나 인터넷이라는 유동적이고 무한한 공간 안에서는 시간의 화살이 방향성을 갖지 않는다. 서사가 펼쳐지는 것이 아니라 참을성 없는 순간적인 열중만 존재할 뿐이다.

문제는 시간 개념만이 아니다. 이제는 사람들에게서 공간 개념도 흐려졌다. 메일을 보낼 때 우리는 받는 이가 어디에 있는지 신경 쓰지 않는다. 중요한 것은 받는 이가 인터넷에 접속할 수 있는지 여부다. 우리가 어디에 있는지, 어디로 어떻게 가야 하는지도 휴대전화나 자동차의 GPS가 알려 준다. 매달 10억 명이 넘는 사람이 구글 지도를 이용해 길을 찾지만, GPS가 안내하는 대로 기계적으로 따라갈 뿐 목적지에 도착해도 그 위치가 지도상에서 정확히 어디쯤인지는 모르지 않는가? 빅데이터 기업에 우리를 안내하고 이끄는 일을 맡긴 것이다. 우리 뇌는 자신이 할 일을 다른 데 맡기면 그 일을 어떻게 처리하는지 잊어버린다. 방향 감각뿐만 아니라, 점점 더 외부 장치에 맡겨지고 있는 기억력도 마찬가지다. 한 유명한 연구가 보여 주었듯이, 복잡한 런던 시내의 지리를 거리 이름까지 모두 외워야 하는 런던 택시 기사들의 뇌를 MRI로 찍어 보면 기억과 방향 감각을 관장하는 영역인 해마가 일반인에 비해 크게 발달한 것으로 나타난다. 이는 내비게이션에 과도하게 의지하면 우리의 뇌 회로가 물리적으로 변형된다는 뜻이기도 하다. 신기술의 출현으로 지도가 구식으로 전락하면서 최초의 지리학자들인 에라토스테네스와 프톨레마이오스가 남긴 유산도 사라지고 있다. 수천 년 동안 연대학과 지도학은 우리의 사고를 구조화하는 데 도움을 주었다. 그 도구를 빼앗긴다면 우리는 우리를 둘러싼 세상을 파악하는 능력을 점차 잃게 될 것이다.

우리가 지금 어디에 있는지 알지 못하면 어디로 가야 하는지도 알 수 없게 된다. 하긴, 아무러면 어떤가, 빅데이터 기업들이 다 알려 줄 텐데. 어차피 우리 신경계의 속도는 디지털 네트워크보다 400만 배나 느리다. 래리 페이지가 이렇게 말하지 않았던가. "인간의 뇌는 더 빠른 프로세서와 더 큰 메모리가 필요한 구식 컴퓨터에 불과하다."

0과 1의 음모

0과 1의 알고리즘이 인간을 노예 상태로 만들고 있다

"결국 우리의 유전자부터가 하나의 컴퓨터 프로그램이다."
_스티브 잡스

영화 〈007 카지노 로얄〉에서 주인공 제임스 본드는 '르시프르Le Chiffre'*라는 이름의 악당을 상대한다. 테러 조직의 자금줄로 알려진 천재 수학자로, "신보다 수익률을 믿는다"고 말하는 인물이다. 빅데이터 기업은 우리를 둘러싼 세상을 비물질화하기 위해 숫자로 바꾸었다. 세상을 0과 1의 연속으로 코드화한 것이다. 이 이진법의 언어를 이용하면 모든 것을, 아니 거의 모든 것을 컴퓨터로 처리할 수 있다. 이제 세상에 대한 기억은 이미지, 글, 사진, 소리, 영상이 0과 1의 형태로 저장된 실리콘 칩에 근거한다. 반세기 동안 컴퓨터 프로세서의 저장 능력은 5000만 배 증가

---

* 'chiffre'는 '숫자'라는 뜻의 프랑스어다.

한 반면, 그것의 가격은 2년마다 절반으로 하락해 왔다. 콜레주드 프랑스에서 정보과학을 가르치는 제라르 베리의 말대로 디지털 혁명은 상상할 수도 없는 일을 해냈다. "정보의 형태와 물리적매체 사이의 오랜 대응 관계를 깨트리고, 정보의 성격을 막론하고모든 정보를 동일한 방식으로 나타내고 다룰 수 있게 하는 데 성공했기" 때문이다. 이 0과 1은 게걸스러운 GAFA가 세상을 집어삼키는 데 소화 효소로 이용되었다. 예전에는 음악은 레코드판이나 카세트테이프로 들었고, 책이나 신문은 종이에 인쇄된 형태로읽었으며, 그림은 화폭에 담긴 채로 감상했고, 영화나 사진은 빛에 반응하는 물질을 바른 필름에 담았다. 그런데 이제는 모든 것이 숫자로 된 동일한 매체에 담기게 되었고, 이를 순식간에 옮기거나 무한대로 복제·저장하는 일도 가능해졌다.

이 혁명은 갈수록 성능은 좋아지고 가격은 낮아지는 기계들이 세계적으로 서로 연결되면서 이루어진 결과다. 오늘날 100억대가 넘는 컴퓨터, 스마트폰, 태블릿 및 기타 통신 기기들은 끊임없이 디지털 정보를 주고받는다. 빅데이터 기업이 0과 1로 이루어진 새로운 '블랙 골드'를 유통시키기 위해 고안한 거대한 네트워크 덕분이다. 디지털 대기업들이 볼 때 숫자의 힘은 무한하다. 일례로 구글은 유럽연합의 독점 금지 규정을 비웃기라도 하듯 '알파벳'으로 이름을 바꾸고 지주회사 체제로 전환했다. 26개라는 알파벳 수만큼이나 많은 자회사를 거느리겠다는 포부를 드러낸 것이다!

숫자는 많은 미덕을 지녔다. 숫자를 이용하면 무질서한 세상도 이해할 수 있는 것으로 만들 수 있다. 그래서 2010년에 구글은 '문화'를 뜻하는 'culture'와 '유전체학'을 뜻하는 'genomics'를 더해 '컬처로믹스culturomics'라는 새로운 분야를 만들어 냈다. 목적이 무엇일까? 인류의 문화가 어떻게 변화해 왔는지 분석해 주는 알고리즘으로 역사학자를 대체하겠다는 것이다. 구글의 거대한 디지털 도서관을 면밀히 검토하기 위해 언어학자와 수학자로 이루어진 연구진이 특별히 고안한 도구도 있다. 전 세계에서 출판된 모든 책의 4퍼센트, 단어로 따지면 5000억 개 단어를 컴퓨터로 분석해서 어휘와 사고방식의 시간적 변화를 알아낸 뒤 이를 그래프로 보여 주는 도구다. 특히 구글은 1800년부터 2000년까지 '신god'이라는 단어가 사용된 빈도의 추이를 분석했다. 1860년대부터 1900년까지 빈도가 크게 감소하다가, 이후로는 반등 없이 비교적 안정세를 유지하는 형태의 그래프다. 빅데이터의 논리에서는 수량이 의미를 가지며, 분석에 투입되는 데이터가 많을수록 결과는 완벽에 가까워진다. 그리고 빅데이터가 알려 주는 진실은 엄청난 양의 정보를 처리해서 나온 만큼 사실상 객관적인 것으로 간주된다. 숫자에 대한 집착과 기술의 중립성에 대한 환상이 서로 맞물리는 것이다. 물론 이는 착각일 뿐이다. 알고리즘도 결국 인간이 만든 것이고, 따라서 문화적·정치적·상업적 선입관이 개입될수 있기 때문이다. 하지만 사람들이 빅데이터에 대해 갖는 이러한기대는 물질을 초월한 세상에 대한 꿈을 반영하는 것이기도 하다.편견도 신념도 없는 세상, 따라서 이념적 다툼 없이 그저 짧게 감정적으로 반응하는 데 그치는 세상 말이다.

디지털 세계의 대장장이들은 기계가 인간보다 우월함을 확신한다. 1000억 개의 뉴런으로 이루어진 인간의 뇌는 이미 1초에1000조 번의 계산을 할 수 있는 컴퓨터에 비하면 완전히 구식이다. 더구나 이 미친 성능 경쟁은 그 100만 배의 성능을 지닌 '엑사급exascale' 슈퍼컴퓨터의 등장을 예고하고 있다. 따라서 빅데이터기업을 위해 일하는 컴퓨터과학자들은 세상이 기계에 지배될 수밖에 없다고 결론짓는다. 1950년대에 탄생한 사이버네틱스 이론,즉 기계가 인간보다 더 공정하고 조화로운 사회를 만들 수 있다고 보는 이론과 상통한다. 사회학자 셀린 라퐁텐의 표현을 빌리자면, 자연에 대한 인간의 과학 기술적 통제만 심해지는 것이 아니라 "인간이 세상의 합리적 주관자로서 자격이 있는지 자체가 재검토되고 있는" 상황이다.[40] '조종하는 기술'이라는 뜻의 그리스어에서 유래한 사이버네틱스는 많은 복잡한 업무를 컴퓨터에 맡기라고 말한다. 실제로 기계가 우리 대신에 결정을 내리는 일은 점점 많아지고 있다. 이른바 '초단타 매매'*는 인간이 결정 과정에서 빠짐으로써 인간으로서의 특권을 포기하는 현상을 잘 보여 주는 사례다. 컴퓨터는 트레이딩룸trading room에서 조금씩 세력을 키워 왔다. 그리고 이제 미국 증권가에서는 일정 시간대 매매 주문의 3분의 2가 알고리즘에 따라 자동으로 이루어진다. 그런데 1000분의 1초 단위로 이루어지는 그 같은 결정은 때때로 대참사를 초래한다. 주가가 순식간에 폭락하는 '플래시크래시flash crash'를 유발하는 것이다. 예를 들어, 2010년 5월에 런던 주식 시장에서는 트레이딩 프로그램이 잘못된 매각 명령을 내리는 바람에 8000억 유로가 연기처럼 사라졌다.

게다가 이제 우리는 우리를 감시하는 기계에 대한 통제권까지 잃었다. 프랑스의 인터넷 서비스업체들이 최근 가결된 정보활동 관련 법에 따라 테러 위협을 간파하기 위해 갖추게 된 알고리즘만 봐도 알 수 있는 사실이다. 이 알고리즘은 효율성을 위해 완전히 자율적으로 돌아가게 되어 있다. 사람이 관리하는 프로그램이 아니라, 스스로 터득하면서 자체적으로 정보 수집과 분류에 대한 규칙을 세운다. 따라서 기계가 작동하면서 기준을 만들어 내기 때문에 어떤 기준으로 '수상한 행동'이라는 딱지를 붙이는지 미리 알 수 없다. 프랑스 최고행정법원은 이 같은 감시 시스템이

---

*   컴퓨터 프로그램을 이용해 매우 짧은 시간 간격으로 주식을 사고파는 것.

문제가 있다고 보았다. 그래서 디지털 시대의 기본권에 관한 보고서를 통해 "알고리즘의 결과를 객관적이고 빈틈없는 것으로 간주하는 과도한 신뢰"에 대해 우려를 표하면서 '알고리즘에 대한 법'의 제정을 촉구한 것이다.

기술적으로 너무 정교해서 우리가 작동 방식을 이해할 수도 없는 도구들은 우리를 노예 상태로 만든다. 그야말로 '블랙박스' 같은 도구들이다. 이러한 상황을 정당화하는 원리는 늘 동일하다. "나쁜 짓을 하지 않는 이상 사람들이 당신에 대해 전부 다 아는 것을 두려워할 이유가 없다"는 것이다. 문제는 '나쁜 짓'이 무엇인지를 정의하는 것인데, 이 일은 정보를 정리하고 분류하는 이들의 재량에 전적으로 맡겨진다. 그리고 그들이 어떤 기준으로 정보를 처리하는지 밝히도록 의무화한 규정은 어디에도 없다. 실제로 개인의 분류는 기계의 고유한 논리에 따라 이루어진다. 새로운 기술에 관심을 기울여 온 철학자 에리크 사댕이 강조했듯이, 이는 인간이 결정의 자율성을 잃는 문제에 해당한다. 인간에게 결정의 자율성이란 책임 윤리와 함께 현대적 휴머니즘의 중심인데 말이다. "더 넓게 말하면 그전까지 존재와 존재, 생물과 무생물 사이에 존재했던 간격이 점차 줄어들고 있다."[41]

세상을 통합적이고 보편적인 메타데이터로 압축하려는 시도에서 불완전함이 들어설 자리는 더 이상 없다. 인간이 끼어들 자리는 없다는 뜻이다. 하지만 인간의 나약함과 결점이야말로 인간이 가진 힘의 도대나. 컴퓨터와 달리 우리의 뇌는 무한대의 조합을 할 수 없으며, 계산 능력도 제한적이고 불확실하다. 그래서 인간은 그 한계를 뛰어넘기 위해 지름길을 만들었다. 직관이 그것이다. 감정이 이끄는 대로의 결정 방식은 인간에게 천재성과 예측 불가능성을 동시에 부여한다. 몹시 불완전한 인간의 기억력도 마찬가지다. 새로운 세계의 대장장이들이 못마땅해할 말이겠지만, 망각은 인간의 지적 능력을 키우는 데 꼭 필요한 요소다. "우리의 뇌는 정체되도록 만들어져 있지 않다. 우리 뇌의 실질적인 힘은 가변성에 있다. 필요한 것만 남겨 두고 망각할 수 있는 능력, 과거의 경험과는 다른 일을 할 수 있는 능력이다." 파리 에콜 상트랄École centrale에서 신경기술을 연구하는 이드리스 아베르칸의 지적이다.[42] "구글, 애플, 페이스북, 아마존, 바이두, 알리바바, 삼성, 마이크로소프트가 하루에 다루는 데이터는 학계가 10년 동안 다룬 것보다 많지만, 지금 우리에게 부족한 것은 데이터가 아니라 컴퓨터는 만들어 내지 못하는 것들이다. 이념, 관념, 상상력 같은 것 말이다."

늘 최적화 문제에 몰두하는 디지털 유토피아는 우리에게 절대 기억력을 주겠다고, 다시 말해 우리의 모든 행동과 행적을 매트릭스에 저장해 주겠다고 제안한다. 효율성을 제공하는 대가로 돈을 버는 서비스다. 우리 뇌가 다른 일에 몰두할 수 있도록 기억은 기계가 대신해 주겠다는 것이다. 하지만 기억을 외부 장치에 맡기면 순수하게 인간적인 능력인 상상력에 해가 될 수 있다. 상상력은 우리 뇌에 새겨진 감정적 체험을 통해 자라나기 때문이다. 데이터와 자율성만으로는 결코 인간을 만들 수 없다. 인간성의 핵심은 의심할 여지 없이 양심, 이념, 창의력, 꿈이다. 정보도 물론 중요하나, 정보에서 지식과 더 나아가 지혜를 뽑아내는 일은 어떤 알고리즘으로도 할 수 없다. 엑사급 슈퍼컴퓨터는 인구 3만 도시에 맞먹는 전력을 소비하지만, 에너지를 그것의 100만 분의 1밖에 안 쓰는 우리 뇌처럼 상대성 이론을 고안하거나 《전쟁과 평화》를 쓰거나 〈마술피리〉를 작곡하는 것 같은 일은 절대 못할 것이다.

인간의 뇌가 컴퓨터와 다른 또 한 가지는 위험천만한 것도 좋아한다는 점이다. 빅데이터 기업은 바로 그 위험을 어떻게든 수량화해서 불확실성과 우연성이 없는 통계에 가두고 싶어 한다. 예측 불가능하다는 것은 '절대 악'이다. 퍼시 켐프의 《군주론Le Prince》에 따르면 마키아벨리도 그래서 군주에게 다음처럼 경고했다. "아무리 당장은 좋아 보이는 일이라도 예상에 없던 일이라면, 즉 우리가 그에 대해 미리 머릿속으로 그려 보고 준비하면서 현재에 그 자리를 마련해 둔 일이 아니라면 언제든 위험의 원천이 될 수 있다."[43] 디지털 기업들은 위험을 예측할 수 있게 해 주는 메타데이터 덕분에 정치인들이 꿈꿔 온 마법의 수정 구슬을 갖게 되었다. 위험이 수량화되어야 하는 것은 그것이 은행, 보험사, 금융 시장에서 돈이 될 수 있다는 점 때문이기도 하다. 사회가 사법기관에 의존해 문제를 해결하는 경우가 많아지면서 수량화된 위험에 대한 수요는 계속 커지고 있다.

세상을 수량화하고 측량하고 눈금을 매겨서 규격화하는 것, 이것이 빅데이터 기업들의 논리다. 스마트폰의 90퍼센트 이상은 구글이 개발한 안드로이드 운영 체제로 구동되며, 애플의 아이폰은 전 세계적으로 5억 대 이상 팔렸고, 페이스북은 하루에 10억 명에 이르는 사람이 이용한다. 서비스도 제품도 보편적인 소비자를 대상으로 하기 때문에 사용자가 크게 불편을 느끼는 일은 없거나 거의 없다. 빅데이터 기업은 세계화의 최종 단계를 완성하는 중이다. 세계화가 대부분의 디지털 대기업의 근거지인 미국 땅에서 시작된 현상인 까닭에 빅데이터 기업들은 세계화에 그만큼 더 열을 올려 왔다. 역사학자 장 세빌리아는 세계화가 "미국을 본떠 고안된 이데올로기"이자 "상업적이고, 투명하고, 유동적이고, 뿌리가 없고, 경계가 없고, 돈이 왕이고, 정부는 멀리 있는 사회를 위해 만들어진 이론"이라고 분석한다.[44] 한때 구글은 중국 정부의 인터넷 정책에 응할 수 없다는 입장을 떠들썩하게 밝혔지만, 세계화가 가져다주는 이익 때문에 중국 사용자의 데이터를 현지 서버에 두는 것을 포함해 중국이 제시한 조건을 결국 수용했다. 안드로이드 운영 체제를 세계 최대의 스마트폰 시장에 뿌릴 수 있는 기회를 어떻게 포기하겠는가.

인간은 인간을 둘러싼 모든 것과 마찬가지로 데이터로 나타낼 수 있다. 측정 가능한 양으로 환원될 수 있고, 정보 단위로 변환될 수 있다는 말이다. 실제로 빅데이터 기업은 각 개인에 대해 수집한 정보들에서 출발해 디지털 존재들을 계속 만들어 왔다. 개인의 정체성이 부여된 분신 같은 존재들이다. 이와 관련해 철학자 로제 폴 드루아는 다음처럼 이야기한다. "SNS를 통한 사회 연결망의 확장에서 제일 놀라운 점은 새로운 신분 형태의 출현이다. 우리 각자가 시민으로서의 공식적인 신분에 더해 디지털 신분을 가지게 된 것이다. 디지털 신분은 개인의 신분임에도 복수의 형태를 띨 수 있으며, 따라서 제한이나 구속 없이 자신의 존재와 역할, 관계의 수를 늘릴 수 있게 해 준다. 공식적인 서류에 나타나 있는 정해진 신분과는 아무 상관이 없다."[45] 소비자의 기대와 반응을 더 많이 알아내는 일에 항상 몰두하는 빅데이터 기업은 우리의 개성을 아바타에 담는 작업도 시도해 왔다. 인간을 한 줄의 코드로 단순화하는 것인데, 이때 개인의 프로필 분류는 시스템 자체가 정한 기준에 따라 이루어진다. 이 기준은 종교가 될 수도 있고, 정치적 신념, 감정 상태, 성적 취향, SNS상에 표현된 사상이 될 수도 있다. 이러한 데이터에서 출발해 필연적으로 단순화될 수밖에 없는 하나의 정해진 이미지에 이르게 되는 것이다.

우리가 0과 1에 세상을 코드화하는 과도한 힘을 부여한 것은 무엇보다도 세상을 이해 가능하고 투명하게 만들어 주겠다는 약속 때문이었다. 그런데 실제로 일어난 일은 디지털적 압축에 불과하다. 디지털 대기업들은 현실 세계를 0과 1로 바꿈으로써 본질적인 부분, 즉 감성이 잘려 나간 이진법적인 사회를 만들어 냈고, 이 같은 단순화는 세상을 이해하는 데 꼭 필요한 요소를 박탈하는 결과를 가져왔다. 그들은 알고리즘으로 계산된 상관관계만 알면 세상을 이해할 수 있다고 주장하지만, '어떻게'만 따질 뿐 '왜'의 문제에는 더 이상 답하지 않는다. 원인은 무시한 채 결과에만 관심을 가지는 것이다. 말하자면 우리는 예브게니 모로조프가 말한 "기술 해법주의"에 빠져 있다. 문제의 근원은 해결하지 못하면서, 돈이 되고 설명하기도 쉬운 기술적인 답만을 추구한다. '왜'의 문제를 피하는 것은 다루기 힘든 원인들이 존재하는 복잡한 현실 세계와 마주할 위험이 있기 때문이다. 결국, 기계가 어떤 결과를 토해 내든 숫자는 논쟁을 피해 간다. 숫자는 의미의 문제를 배제한다. 숫자는 법이고, 우리는 숫자의 규율을 따를 수밖에 없다.

미래는 방정식이다

빅데이터가 개인의 내밀한 욕망을 실시간으로 알아낸다

"대부분의 사람이 구글에 원하는 것은 자신의 질문에 답해 주는 것이 아니다. 그들은 자신이 해야 할 다음 행동이 무엇인지 구글이 알려 주길 바란다."
_에릭 슈밋, 전 구글 회장, 2007. 5.

"예전에는 범죄자들 뒤를 쫓아다녔죠. 하지만 이제는 놈들이 일을 벌이기도 전에 붙잡습니다." 한 경찰관의 목소리가 들려오는 가운데, 범죄가 많이 발생하는 미국 도시인 멤피스에서 경찰이 활약하는 모습이 화면에 비친다. IBM이 범죄 분석 소프트웨어 '블루크러시'의 효능을 자랑하려고 만든 텔레비전 광고 속 장면이다. 2010년, 멤피스시는 경찰 인력을 25퍼센트 감축하는 대신에 IBM에 도움을 청하기로 결정했다. 이제 멤피스의 경찰관들은 순찰을 나가기에 앞서 휴대전화와 경찰차 내 컴퓨터로 지도를 먼저 받는다. 12시간 안에 범죄가 발생할 확률이 높은 지역이 표시된 지도다. 붉은 불이 들어오는 '핫스폿hot spot'에 집중하라는 명령도 함께 주어진다. 블루크러시는 수학자와 빅데이터 전문 컴퓨터과학자, 인류학자가 힘을 합해 개발한 프로그램이다. 출동 보고서, 조서, 증언, 통화 내용 같은 경찰의 모든 전산 자료를 '흡입하는' 작업으로 시작해, 자체 알고리즘을 가지고 범죄를 날짜, 장소, 유형에 따라 분류한다. 그리고 하루 24시간 경찰 전산망에 연결된 채, 경찰관들이 새로운 정보를 입력하거나 순찰차 카메라와 도시 곳곳에 설치된 500대의 감시 카메라가 영상을 보내올 때마다 데이터베이스를 계속 업데이트하고, 반복 논리에 따라 범죄 확률을 계산한다.

IBM은 블루크러시가 적은 예산으로 범죄를 줄이는 성공을 거두자 더 발전된 버전인 '프레드폴'도 개발했다. 로스앤젤레스, 애틀랜타, 뉴욕의 경찰에서 이미 사용되고 있는 프레드폴의 알고리즘은 날씨에 따른 행동 변화까지 계산에 반영하며, 통계적 상관관계를 근거로 범죄 가능성이 다소간 있다고 분류된 사람들의 프로필도 참고한다. 낙인의 위험이 우려되지만, 미 법무부 과학기술국장을 지낸 인물은 다음과 같은 말로 문제를 피해 갔다. "디지털 데이터에 물론 편견이 들어갈 수는 있지만, 이제는 그 같은 편견역시 수학적으로 찾아낼 수 있다."

과거의 범죄에 관한 정보를 분석해서 차후에 범죄가 일어날 장소와 시간을 알아내는 '예측 보안' 프로그램은 유럽에서도 사용되고 있다. 영국 켄트주는 프레드폴을 도입했고, 독일은 패턴기반예측기술연구소Institut für musterbasierte Prognosetechnik를 통해서 '프리콥스'라는 범죄 예측 소프트웨어를 자체 개발해 2015년부터 뮌헨, 뉘른베르크, 쾰른뿐만 아니라 스위스의 취리히, 바젤에서도 시험 사용을 시작했다. 프랑스에서는 국립경범죄감독원Observatoire national de la délinquance이 시험을 계획했다.

필립 K. 딕의 소설을 원작으로 한 스티븐 스필버그 감독의 영화 〈마이너리티 리포트〉를 보면, 2054년의 워싱턴에서는 '프리코그'로 불리는 이들 덕분에 범죄가 근절된다. 프리코그는 미래의 사건을 미리 알 수 있는 예지 능력을 가진 돌연변이 인간인데, 그들의 능력을 이용해 범행이 발생하기도 전에 범죄자를 체포하는 것이다. 빅데이터 기업들은 바로 그 같은 마이너리티 리포트를 꿈꾸면서 연구소에서 프레드폴과 프리콥스 같은 프로그램을 개량하고 있다. 언제 어디서 범죄가 발생할지만 예측하는 것이 아니라 누가 범죄를 저지를지도 미리 알 수 있는 날이 오기를 기대하면서……

"미래는 방정식이다." 오바마의 대통령 당선을 예측한 것으로 특히 유명한 예측 분석의 천재 네이트 실버의 말이다. 빅데이터 기업의 관점에서 볼 때 인간의 행동은 대부분 미리 정해져 있으며, 따라서 예측 가능하다. 그리고 오늘날의 디지털 점쟁이들은 인간의 행동을 예측할 때 커피 찌꺼기 따위를 들여다보는 것이 아니라* 대량의 데이터를 처리해 주는 프로그램을 이용한다. 조지 W. 부시가 일종의 대테러 부서로 만든 미국 국토안보부는 2007년에 '잠재적 테러리스트', 즉 아직은 아무 짓도 안 했지만 앞으로 테러를 저지를 가능성이 큰 사람들을 찾아내는 계획에 착수했다. FAST(Future Attribute Screening Technology, 미래자질진단기술)라는 프로그램을 이용해 개인의 행동에 관련된 요소뿐만 아니라 개인의 신체 언어와 생리적 특성에 관계된 요소까지 상세히 분석하고, 수상쩍다고 판단되는 사람은 안면 인식을 통해 컴퓨터로 미행하는 방식이다.

갈수록 똑똑해지는 감시 카메라는 이제 행동 분석도 할 줄 안다. 땀이 나는 것 같은 스트레스 신호까지 포함해 수상한 움직임을 탐지하는 것이다. 런던 근교의 루턴에서는 데이터베이스에 수상한 행동으로 올라 있는 50가지 행동 중 어떤 것이 포착되면 알아서 신호를 보내는 카메라 여덟 대가 시험 운영되고 있다. 프랑스 니스에서는 915대의 지능형 카메라가 행인들을 감시하면서 군중 속에서 지나치게 많이 움직이거나 반대로 너무 가만히 있는 사람을 자동으로 탐지해 낸다. 유럽위원회는 2011년에 지능형 감시 카메라를 "위협에 대한 해결책 및 탐지 도구"로 활용하기 위한

---

* 커피를 마신 다음 잔에 남은 찌꺼기의 모양을 보고 미래를 점치는 이른바 '커피 점'에 빗대어 한 말이다.

프로젝트를 시작했다. 17개가 넘는 연구팀을 구성해 도시 환경에서 '비정상적인 행동'을 탐지할 수 있는 알고리즘을 개발하게 한 것이다. 따라서 앞으로는 다른 사람들과 반대 방향으로 뛰거나 걸으면, 혹은 다른 사람들에 비해 빨리 움직이거나, 모두 앉아 있는데 혼자 서 있거나, 가게에서 신발 끈을 묶거나, 공항 로비에서 사진을 촬영하거나, 후드를 뒤집어쓰고 다니거나 하는 행동만으로도 컴퓨터에 의해 수상한 사람으로 찍힐 수 있다. 과학 코디네이터 일을 하는 다리우 가브릴라Dariu Gavrila는 그 같은 우려에 대해 관례적인 말로 안심시킨다. "자동화된 스마트시스템은 사람이 하는 것보다 더 객관적이고 덜 차별적인 성격을 유지할 것이다." 하지만 그렇다 해도 행동 분석 카메라와 알고리즘이 우리에게 공공장소에서의 새로운 행동 규칙을 은연중에 강요하는 것은 사실이다. 그 규칙을 따르지 않으면 컴퓨터의 기억 속에서 '수상하다'는 꼬리표가 붙은 사람이 될 수도 있는 것이다.

수집된 정보 더미는 개인의 내밀한 욕망을 실시간으로 알아내는 것 이상의 일을 한다. 예측 분석을 위한 부식토가 되는 것이다. 빅데이터 기업은 이 새로운 기술을 이용해 탈선, 자살 의도나 범죄 의도를 사전에 알아내는 날이 언젠가 올 수 있기를 염원한다. 그런 행동이 취해질 때는 어느 정도 반복적인 정보들을 알려주고 발생시키는 전조가 일반적으로 나타난다는 논리에 따른 발상이다.

영화 〈마이너리티 리포트〉가 그려 낸 세상처럼 지금 우리는 의도를 범죄시하는 사회로 나아가고 있다. 대테러 활동이 빚어낸 분위기다. 9·11 테러 이후 미국이 NSA를 통해 취한 반격은 일종의 금기를 깨는 것이었다. 테러와의 전쟁이라는 명목으로 '범죄성'이라는 개념에서 훨씬 더 주관적인 '위험성'이라는 개념으로 건너갔기 때문이다. 그리고 이러한 현상은 다른 나라들에도 서서히 번져 갔다. 예를 들어 프랑스는 최근 대테러 법을 통해 '범죄 의도에 의한 범법 행위'라는 개념을 도입했다. 이제 범죄를 저지를 의도만 발각돼도 그 사람을 법정에 세울 수 있다는 뜻이다. 사법이 예측적인 성질로 옮겨 갈 수 있는 것은 물론 빅데이터라는 도구 덕분이다. 이젠 범죄를 처벌하는 것이 아니라 범죄 의도를 처벌하겠다는 것이다.

따라서 범인을 찾아내기 위해 최대한 많은 디지털 정보를 동원하고 싶은 마음이 커질 수밖에 없다. 프랑스 내무부 장관 베르나르 카즈뇌브는 정보활동 관련 법안을 옹호하기 위해서 기계가 자동으로 알아낼 수 있는 테러범의 행동 표식이 존재한다는 말까지 하지 않았던가? 증거에 입각해 범죄성을 판단하는 형법의 기초가 무너지고 있다. "표적에서 출발해 데이터를 얻는 게 아니라 데이터에서 출발해 표적을 찾고 있다. 위험성을 근거로 삼는 것은 미래를 예단하는 일이다." 민법과 범죄학을 가르쳐 온 법학자 미레유 델마 마르티의 우려 섞인 말이다.[46]

빅데이터 기업들에 의해 시작된 의심의 시대는 사회의 불안정성을 해결해 준다고 간주된다. 그러나 실제로는 정반대의 일이 벌어지고 있다. 미국은 범죄 예측 연구의 본거지라 할 수 있는 곳임에도 세계에서 위험한 국가 중 하나로 꼽힌다. 예를 들어 2015년 일사분기에 인구 40만 도시 뉴올리언스 한 곳에서만 92건의 살인 사건이 발생했는데, 이는 인구 200만이 사는 파리 지역에서 2013년 한 해 동안 일어난 살인 사건과 맞먹는 수치다. 계속 상승하고 있는 단위 인구당 살인 발생률은 파리보다 40배나 높다. 이러한 상황 앞에서 디지털 기업들은 우리를 안심시키기 위해 그같은 위험을 줄일 수 있는 알고리즘을 또 제안한다. 물론 그들에게 로열티가 돌아가는 알고리즘이다. 이 문제와 관련해 미레유 델마 마르티는 다음처럼 지적했다. "행동 의도를 간파하고 예측하는 것은 비인간화의 한 형태에 해당한다. 원래 인간은 불확정성을 특성으로 하는 존재이기 때문이다. 불확정성이 없으면 우리는 아무것도 책임질 게 없다."

'예측'을 판매하는 것은 빅데이터 기업들에 열린 새로운 시장이다. 가령 구글은 검색 엔진을 이용해 독감의 유행을 빠르게 예측해 낸다. 구글의 분석 전문가들이 5억 번의 계산을 거쳐 전염병

발생 지역 네티즌이 많이 입력하는 45개 검색어를 가려낸 덕분이다. 어떤 도시나 시역에 전염병이 발생했을 때 그 사실을 누구보다 먼저 알아낼 수 있는 알고리즘을 고안한 것이다. 제약 회사들 입장에서는 적절한 약을 적시에 공급할 수 있게 해 주는 귀중한 정보가 아닐 수 없다.

또한 구글은 그 같은 예측 기술을 부동산 시장에도 적용하고 있다. 네티즌의 검색 동향을 철저히 분석해서 얻은 예측 모델로 다음 달 부동산 가격의 변동을 미국 부동산 중개인 협회보다 더 빨리, 더 정확하게 알아내는 식이다. 이는 구글이 5000만 달러를 투자한 온라인 부동산 중개업체 옥션닷컴에 수익을 안겨 주는 기술이기도 하다. 게다가 영국 버밍엄대학의 정보과학 연구진은 스마트폰의 위치 추적 데이터를 분석하면 사람들이 다음 24시간 뒤에 있을 장소를 20미터 오차 범위 내에서 예측할 수 있다고 자랑한다. 어떤 고객이 어떤 상점 앞을 어느 날 몇 시에 지나갈지에 대한 예측을 상점에 팔 수 있다는 이야기다. "돈을 벌려면 6개월 앞서 예측을 해야 한다." 이스라엘 수학자 키라 라딘스키의 말이다. '웹의 예언가'로 통하는 라딘스키는 자신이 만든 알고리즘을 이용하면 금융 시장의 붕괴나 폭동 발생을 90퍼센트 이상 정확히 예측할 수 있다고 주장한다. 라딘스키의 스타트업인 세일즈프리딕트Sales Predict는 데이터를 기반으로 하여 전 분야 대기업을 상대로 예측 마케팅을 펼치고 있다.

빅데이터 기업들은 자신들이 가진 수정 구슬의 힘을 더 키우기 위해 우리 일상에서 불확실한 부분을 제거하려고 한다. 철학자 로제 폴 드루아가 예고한 사실이다. "이제 목표는 우연성을 제거해 완벽하게 행복하다고 가정되는 세상을 만드는 것이다. 우연성이 제어되고 통제되는 세상, 따라서 우연성이 말 그대로 소멸된 세상을 꿈꾸는 것이다."[47]

하지만 우연성을 무조건 없애려고 하면 인간의 본질적인 부분이 사라질 위험이 있다. 인간의 정신은 예측하지 못한 일을 통해 풍요로워지고, 뜻밖의 일 앞에서 어느 때보다도 큰 창의력을 발휘하기 때문이다. 인류 역사에 있었던 많은 중요한 발견도 우연의 도움이 없었다면 일어나지 못했을지도 모른다. 알다시피 아메리카 대륙의 발견은 크리스토퍼 콜럼버스의 계산 실수 덕분이었고, 페니실린의 발견은 알렉산더 플레밍이 배양 중이던 포도상구균에 곰팡이가 날아든 덕분이었다. 물리학자 앙리 베크렐은 우라늄염 옆에 둔 사진 건판이 햇빛을 받았을 때처럼 감광되는 바람에 천연 방사능을 발견했고 말이다!

인류의 진화 자체도 통제와는 무관한 우연의 연속이다. 부모의 유전자 코드가 조합될 때 그 결과를 예측하기는 불가능하다. 0과 1에 지배되는 디지털 결정론과는 정반대다. 0과 1은 가장 환상적인 우연의 원천, 즉 사람과 사람의 인연도 방정식으로 만들려 애쓰고 있지 않은가? "사랑은 우연이 아닙니다." 우리에게 꼭 맞는 상대를 찾아 준다는 온라인 만남 주선 업체 '파십'의 광고 문구다. 파십이나 이달링, 그 밖의 비슷한 업체들의 애플리케이션을 이용해 보면 그게 무슨 말인지 알 수 있다. 가령 직장에서 오전 업무가 끝났을 즈음, 자신의 이상형에 꼭 부합하는 싱글남이나 싱글녀가 어느 거리의 어느 카페에서 커피를 마시고 있다는 알림이 휴대전화로 날아온다. 그럼 우리는 점심시간에 바로 '소개팅'을 하러 가면 되는 것이다.

앞으로는 우리의 인간관계도 알고리즘이 정해 줄 것이다. 페이스북 같은 사회 연결망들이 대표적인 예로, 가령 페이스북은 사용자들 사이의 친밀도를 계산하기 위해 고안된 '에지랭크Edge Rank'라는 알고리즘을 가지고 있다. 최근에 페이스북 프랑스의 대표 로랑 솔리는 페이스북의 장점이 "친근감이 드는 사람이나 기업하고만 교류할 수 있게 해 주는 것"이라고 말했다. 그 덕분에 최소한의 시간으로 최대한의 효율을 얻을 수 있다는 것이다. 그런데 여기에는 문제가 있다. 우리와 비슷한 사람들하고만 이야기를 나누면 생각의 교류가 한자리에서 맴돌고, 마음이 닫히고, 사고가 경직되고, 토론의 장으로서의 인터넷이 환영이 되어 버린다. 알바니아의 소설가 이스마일 카다레는 자신의 작품 《꿈의 궁전》과 관련해 "오래전부터 나는 지옥을 형상화하고 싶었다"라고 설명했다. 관리가 매일 밤 주민들의 꿈을 수집, 선별, 분류, 해석해서 왕국의 미래를 알아내는 상상의 나라에 대해 이야기한 소설이다. 요컨대 지금 우리는 우리의 꿈을 읽고 미래를 내다보는 엄청난 힘을 빅데이터 기업에 쥐어 주고 있다.

시간의 지배자

빅데이터 기업이 인간의 생체 시계를 조종하고 있다

"과학이 인류 역사상 처음으로 서로 다른 방식으로 진화하는 두 종류의 인간
을 만들어 내는 대참사를 부르고 있다."
_이스라엘 니장, 유럽생명윤리포럼 설립자, 2013. 12.

미 국방부로부터 지대한 관심을 받는 새가 있다. 바
로 흰목참새로, 머리에 희고 검은 줄무늬가 있고, 눈 위에 노란 점
이 있으며, 무게는 30그램 정도 된다. 북미 숲에 서식하는 이 새
는 이동할 때면 7일 동안 잠을 안 자고 깨어 있을 수 있는데, 미군
이 관심을 갖는 것이 바로 그 때문이다. 40시간 이상 안 자고 계
속 작전을 펼칠 수 있는 병사들을 가질 요량으로 그 지구력의 비
밀을 알아내고자 하는 것이다.

잠을 정복하는 것, 이는 많은 연구 분야에서 미 국방부에 협
력하고 있는 빅데이터 기업들의 관심사이기도 하다. 그들의 관점
에서 우리의 잠은 '타임아웃'이자 '오프라인', 즉 어떤 수익도 생

기지 않는 시간이다. 사람들이 잠을 자면 수익성이나 성과에 해가 된다. 아무것도 구매하지 않더라도 일단 깨어 있어야 돈이 되는 개인 정보를 시스템에 남기기 때문이다. 따라서 빅데이터의 지배자들은 전 세계적으로 불면 상태를 부추겨 왔다. 그리고 그들 덕분에 우리는 밤낮을 가리지 않고 언제든 정보를 얻거나 교환하고, 의견을 나누고, 즐기고, 소비할 수 있게 되었다. 우리의 수면 시간은 매년 짧아지고 있으며, 프랑스인의 경우 하루에 수면을 취하며 휴식하는 시간이 지난 25년간 평균 18분 줄었다. 이러한 수면 시간 감소는 자본주의 및 새로운 기술의 발달과 직접 연관이 있다.

미국의 미술 평론가이자 저술가인 조너선 크레리는 《24/7 잠의 종말》에서 우리를 늘 활동 중인 노동자와 소비자로 만드는 '하루 24시간 주 7일 오픈' 시대를 비판했다. "인간적인 휴식과 재생을 위한 시간을 갖는 일이 현대 자본주의 안에서는 구조적으로 너무 값비싼 것이 되었다. …… 우리가 거짓 욕구의 늪에서 벗어나 우리 삶의 큰 부분을 잠을 자면서 보내는 것은 현대 자본주의의 탐욕에 인간이 가할 수 있는 심한 모욕 중 하나다."[48] 이제 잠을 자는 것은 거의 이례적인 일처럼 여겨진다. 끊임없이 열심히 활동하는 것이 새로운 사회 기준이 됨에 따라 사람들은 쉼 없이 매 순간을 최대한 효율적으로 사용하는 삶을 살아야만 한다. 줄을 서 있는 시간이나 지하철을 기다리는 시간, 혹은 약속과 약속 사이의 빈 시간도 무언가를 하면서 보낸다. 디지털 업계가 만들어 낸 사물인터넷과 온갖 애플리케이션은 그래서 존재한다. 우리를 계속해서 시장 안에 묶어 두려는 것이다. 또한 그 도구들은 직무의 생산성을 높이기 위한 것이기도 하다. 애플과 페이스북은 기업에 귀속된 시간의 수익성을 올려야 한다는 강박관념 때문에 직원들의 난자 냉동 비용을 지원하는 서비스도 생각해 냈다. 여성 직원에게 출산은 40세 이후로 미루고 직장 경력을 계속 쌓을 수 있는 방법을 알려 주는 것이다. 늦은 임신과 출산에 따른 의료비에 충당하도록 1만 5500유로 상당의 보험도 제공된다. 페미니스트들에게 박수를 받을 만한 시도라고 볼 수도 있겠지만, 주된 목적은 직원들이 한창나이일 때, 따라서 지적 능력이 절정에 있다고 간주되는 시기에 그들의 에너지와 창의성을 끌어내 쓰려는 데 있다.

인간은 개량 가능한 존재이며 모든 문제에 대한 해결책은 기술에 있다고 보는 생각도 점차 확산되는 중이다. 질병, 노화, 심지어 죽음도 더 이상 형이상학적 문제로 여겨지지 않고, 생물학과 정보과학의 융합을 통해 정복할 수 있는 단순한 기술적 문제로 간주된다. 사실 구글이 생명공학의 세계에 발을 들이게 된 것은 검색 엔진의 효율을 개선하기 위해서였다. 스스로 학습하는 프로그램을 만들기 위해 신경망의 작동 원리를 컴퓨터에 적용하려

한 것이다. 프랑스 게놈 시퀀싱 분야의 선구자 중 한 명인 로랑 알렉상드르는 빅데이터 기업이 갖고 있는 생각을 이렇게 요약한다. "미래의 인간은 웹사이트처럼 항상 '베타 버전'인 상태, 다시 말해 지속적으로 업그레이드해야 하는 시제품 상태의 인체가 될 것이다."[49] 시간의 지배자가 된 빅데이터 기업들은 수명을 연장할 수 있다는 생각도 이미 가지고 있다. 가령 2014년 7월에 구글의 공동 창업자 래리 페이지는 "구글은 죽음을 안락사시키고자 한다"라고 선언했다. 구글이 만든 '칼리코Calico'라는 회사는 2035년까지 인간의 수명을 20년 연장하겠다는 청사진을 가지고 있다. 혈액에서 심혈관 문제나 암을 예고하는 생화학 신호를 찾아내도록 고안된 나노 입자를 이용해 질병을 증상이 나타나기도 전에 해결하겠다는 것이다. 알약을 통해 삼켜진 나노 입자가 문제를 탐지하면 사용자가 팔에 찬 스마트밴드에 신호를 보내는 방식이다. 구글은 이러한 '초超조기' 진단의 범위를 모든 질병과 세포 퇴화 현상으로 확대하기 위해서 1만 명의 지원자를 확보해 사전 게놈 분석을 마쳤다. 이렇게 수집한 의료 데이터를 이용하면 "질병을 예방하고 치료하는 데 필요한 정보를 알려 줄 마법의 신호를 찾을 수 있을 것"이라는 기대다.[50] 또한 구글은 최근에 미국의 생명공학 대기업인 바이오젠과 협약을 맺음으로써 미래의 유전학적 예측 시장을 손에 넣으려는 의도를 드러냈다. 20억 달러 규모의 자산을 운용하는 구글의 투자 회사는 그 자산의 3분의 1을 의료 분야에 투자하고 있으며, 특히 구글 공동 창업자 중 한 사람의 아내가 창업한 유전자 분석 스타트업에 많은 돈을 댔다. 23앤드미라는 회사인데, 이곳은 고객이 타액 샘플을 보내오면 유전자 프로필을 분석해 알츠하이머병이나 파킨슨병 같은 질병의 발병 확률을 알려 준다. 23앤드미는 그렇게 확보한 개인 유전자 데이터를 2015년부터 제약 회사들에 되팔기 시작했다. 차후에 그 정보가 보험사에까지 넘어가더라도 이를 막을 방법은 없다. 보험사는 고객의 유전자 프로필을 보고 '리스크 프리미엄', 즉 위험도에 따른 할증료를 붙이게 될 것이다.

구글 X랩은 비밀 연구소로, 구글이 NASA로부터 60년간 임대한 부지에 들어서 있다. 위치는 샌프란시스코 남부 마운틴뷰에 자리한 구글 본사의 근처다. 150여 명의 엄선된 생명공학자, 의사, 유전학자가 그곳에서 연구하고 있는데, 특히 기자를 비롯해 외부인은 아무도 접근할 수 없기 때문에 연구는 사람들의 시선 밖에서 이루어진다. 구글은 바로 이 연구소의 생명과학팀을 통해 생체 시계의 속도를 늦춘 미래의 인간을 구상하고 있다. 노화의 메커니즘을 밝혀냄으로써 10조 달러 가치의 엘도라도, 즉 애플, 마이크로소프트, 페이스북, 아마존도 이미 눈독을 들이고 있는 미래의 e-헬스 시장을 손에 넣겠다는 심산이다. 현재 세계 여러 병원에서 사용되고 있는 IBM의 왓슨Watson 같은 의료용 소프트웨어들은 일부 암을 암 전문의보다 더 정확하게 진단해 낸다. 미래에는 '닥터 왓슨'이 의사들을 대신하게 될지도 모른다.

그런데 빅데이터 기업들은 언젠가는 추가적인 '생명치'를 돈을 받고 팔 수 있으리라는 야심도 은근히 드러내고 있다. 세계적 차원의 새로운 과두제를 가져올 아주 비싼 성배를 손에 넣겠다는 속셈이다. 생명치를 사는 일은 그야말로 최고의 사치가 될 것이다. 100만 달러짜리 시계를 차거나, 길이가 170미터나 되는 요트를 사거나, 대형 여객기를 자가용 제트 비행기로 개조하거나, 20만 달러짜리 우주여행을 하면서 시간을 보내는 것보다 훨씬 사치스러운 일이 될 것이다. 빅데이터 기업들은 재생의학 연구를 위해 벌써 10억 달러가 넘는 민간 자본을 끌어들였다. 구글은 막대한 현금 보유액을 이용해 세계 최고의 노화 문제 전문가들을 영입하는 데 착수함으로써 시장 독점의 최종 단계에 들어갔다. 따라서 이제 우리는 인류의 부 대부분이 소수의 개인에게 집중되는 것을 목격한 데 이어, 죽음 앞에서 인간에게 주어지는 마지막 평등이 붕괴되는 것까지 지켜보게 될 수도 있다. 총체적인 불평등을 마주하게 되는 것이다. 유럽생명윤리포럼Forum européen de bioéthique의 설립자이자 의과대학 교수이자 산부인과 전문의인 이스라엘 니장은 이 문제에 대해 이렇게 경고했다. "지금까지 지식의 진보는 인류 전체를 발전시켜 왔다. 그래서 지난 30년간 인간의 수명은 인류 전체적으로 매년 3개월씩 늘어났다. 그런데 오늘날 국가보다 돈이 많은 일부 억만장자들은 프로메테우스의 꿈을 추구하고 있다. 미래의 과학이 더 이상 인류를 위한 것이 되지 않고 일부 개인을 위한 것이 된다면 인간은 서로 다른 방식으로 진화하는 두 종류로 나뉘게 될 것이다. 인류의 운명이 바뀌는 것이다."[51]

빅데이터 기업들은 스스로의 전능함에 취해 교만에 빠졌다. 이 지나친 교만을 키운 것은 그 유명한 '무어의 법칙'이다. 인텔의 공동 창업자인 고든 무어가 컴퓨터 시대가 막 시작된 1960년대에 내놓은 것인데, 컴퓨터의 계산 능력과 프로세서의 성능은 18개월마다 두 배씩 계속 향상된다고 말하는 이론이다. 인간이 만들어 낸 디지털 블랙홀은 주변의 모든 물질을 집어삼켜 0과 1로 변환하면서 세상의 복잡성을 붕괴시켜 왔다. 삶과 죽음의 순환도 예외가 아니다. 구글의 에릭 슈밋은 2012년 10월의 한 강연에서 "우리가 제대로만 하면 지구상의 모든 문제를 해결할 수 있으리라고 본다"라고 말하지 않았던가? 고대 그리스인은 교만을 가장 큰 죄악으로 여겼다. 주어진 운명보다 많이 요구하는 것, 운명을 뒤엎는 것, 행복·부·생명처럼 가장 좋은 몫을 독차지하는 것은 죄악이었다. 《일리아스》에 그려진 트로이 전쟁에서 탐욕 때문에 가족을 불행으로 내몬 그리스군 총사령관 아가멤논 같은 자가 대표적인 사레다. 언제나 '더 많이'를 요구하는 빅데이터 기업들은 탐욕으로 광란의 질주를 시작했고, 모든 한계를 뛰어넘고자 하는 기술적 교만은 죽음의 한계를 넘보기에 이르렀다. "한계의 설정은 문화와 마찬가지로 사회의 구성 요건에 해당한다. 인간은 스스로의 한계를 정하고 지킬 수 있을 때 자유로워지는 법을 깨우쳤다고 할 수 있다." 기술의 횡포를 날카롭게 비판한 사회학자 자크 엘륄의 지적이다.[52] 《일리아스》와 《오디세이아》가 서구 문명의 토대가 되는 이야기이자 보편적 가치들을 싹틔운 이야기로 여겨지는 것은 우연이 아니다. 이 이야기에서 주인공 오디세우스는 인간성을 지키기 위해 불멸을 거절한다. 님프 칼립소가 그를 계속 곁에 두고 싶어서 그에게 "어떤 인간도 가져 보지 못한" 영원한 젊음을 주겠다고 했지만, 영원한 현재 속에서 선택의 중요성도 용기의 의미도 없이 오래 사는 것만을 추구하는 경직된 시간에 갇히기를 거부한 것이다. 오디세우스는 유한성을 선택하고 불멸의 교만을 거부함으로써 자신의 정체성을 지켜 냈다. 인간의 약점이 강점이기도 하다는 사실을 잘 아는 인간으로서의 정체성이다.

니장은 불멸에 대한 열망으로 절도節度의 의미를 잊게 되면 인류가 치명적인 위험에 이를 수 있다고 말한다. "소수의 개인이 그 같은 과도한 특권을 취할 수 있게 되면 인류 발전의 주된 동력이던 인간의 유한성에 대한 의식이 사라짐에 따라 인류 전체에 변화가 생길 것이다. 인간은 자신의 약점을 이겨 내기 위해 예측하면서 살아 왔다. 예측하고 대비할 수 있는 존재는 인간이 유일하다. 그리고 바로 그 능력이 인간을 지구상에서 자신의 죽음을 의식하는 유일한 존재로 만들었다."[53]

빅데이터 기업들은 죽음을 없애려 할 뿐만 아니라, 인간과 기계를 결합해 새로운 인간을 만들어 내려 한다. 신체적으로나 정신적으로나 '초인적인' 능력을 지닌 '증강형' 존재를 탄생시키는 것이 목표다. '증강 인간'을 향한 첫걸음은 군에서 시작되었다. 가령 미국방부는 초강력 병사를 만들기 위해서 영화에 나오는 로봇 슈트 같은 '동력형 외골격'에 관한 연구를 진행해 왔다. 스마트 섬유로 인체의 근육과 힘줄의 작용을 모방한 제2의 피부 같은 하이테크 전투복을 만들어 착용함으로써 50킬로그램이 넘는 물건도 아주 먼 거리까지 쉽게 옮길 수 있는 기능을 얻는 것이다. 군사용 신기술 개발을 담당하는 연구 기관으로서 인터넷의 출발점이 되기도 한 DARPA는 특공대에 '초인적인 힘'을 부여하기 위해 나노 기술로 무장한 전투복을 만드는 데 착수했다. "우리는 지금 아이언맨을 만들고 있다." 버락 오바마가 2014년 2월 25일 백악관 기자 회견에서 흥분된 어조로 한 말이다. 문제의 전투복은 그리스 신화에서 제우스가 연인 에우로페를 보호하는 일을 맡긴 청동 거인의 이름을 따서 '탈로스'라고 명명되었다. 증강 현실 헬멧이 달린 이

전투복은 장착할 경우 100킬로그램이 넘는 무게도 운반할 수 있게 해 준다. DARPA는 한 민간 생명공학 기업과 함께 신경 신호로 통제하는 최초의 인공 팔도 만들어 냈다. 미 국방부가 걸프 전쟁, 이라크 전쟁, 아프가니스탄 전쟁에서 팔다리를 잃은 퇴역 군인들을 도와주기 위해 많은 투자를 해 온 지능형 보철 연구의 일환이다. 뇌로 직접 조종하는 이 인공 팔은 기술이 만들어 낸 걸작으로, 날달걀도 깨뜨리지 않고 쥘 수 있다. 인체의 팔이나 다리를 모방한 생체공학적 보철 기구는 실리콘밸리에서 시작된 트랜스휴머니즘이 꿈꾸는 인간과 기계의 융합을 예고한다. 로봇공학, 유전자공학, 나노 기술, 신경과학, 정보과학의 공조가 만들어 낼 미래의 모습이다. 트랜스휴머니즘 지지자들은 2040년경으로 예고된 가설상의 순간, 즉 '기술적 특이점'으로 불리는 시점이 되면 인공지능이 인간의 지능을 넘어서게 될 것이라고 말한다. 구글의 기술 책임자로 있는 레이 커즈와일도 트랜스휴머니즘 전도사로 통한다. 그는 가장 뛰어난 인공지능 연구자 중 한 명으로, 2012년에 구글 X랩에 합류해 인간의 뇌 기능을 모방한 인공 신경망 연구를 이끌어 왔다. 커즈와일의 지휘하에 구글은 6개월 동안 20억 달러를 들여 인공지능 관련 회사 여덟 곳을 인수했다.

한편, 애플은 2015년에 '자율 학습'으로 진화하는 컴퓨터를 연구하는 인재 86명을 채용한 것을 비롯해 4년간 인공지능 분야의 인력을 네 배로 늘렸다. 이미 일부 연구진은 생물의 유전자 코드로 작동하는 '생물학적 컴퓨터'를 고안하고 있으며, 세계적으로 약 15곳의 연구소에서 DNA 사슬 수십 억 가닥을 실리콘 칩에 결합한 형태의 마이크로프로세서를 시험하고 있다. 뇌와 기계의 결합으로 컴퓨터가 스스로를 끊임없이 재프로그래밍할 수 있게 되면 컴퓨터의 능력이 무한히 발전할 것이고, 따라서 최대 1000억 개의 뉴런으로 이루어진 인간의 뇌를 뛰어넘는 수준에까지 이를지도 모른다. 이와 관련해 래리 페이지는 다음처럼 자신했다. "세상의 모든 정보가 뇌에 직접 연결되어 있거나 우리가 자신의 원래 뇌보다 더 똑똑한 인공두뇌를 갖게 된다면 분명 살기가 더 나아질 것이다."[54] 생물학적 컴퓨터가 등장하면 우리의 뇌는 '구닥다리'로 전락할 것이다. 수명이 짧고 학습 속도도 아주 느린 데다가 혼자서 인체 에너지의 30퍼센트를 소비하는 인간의 뇌는 더 이상 경쟁력을 갖지 못할 것이기 때문이다. 트랜스휴머니스트들이 보기에 인체는 일종의 구식 컴퓨터에 불과하다. 어제 나온 신형 컴퓨터가 오늘이면 벌써 구형이 되는 시대가 아닌가.

따라서 트랜스휴머니스트들은 인간의 뉴런을 최대한 효율적으로 사용할 수 있는 방법이 실리콘 칩과의 결합에 있다고 본다. 그런 식으로 우리의 기억력도 컴퓨터 메모리처럼 키우면 되지 않겠는가? 실제로 DARPA는 그 같은 성격의 프로젝트를 진행해 왔다. 컴퓨터의 메모리를 가리키는 용어와 똑같은 약어를 가진 RAM(Restoring Active Memory, 활동기억복원) 프로젝트가 그것으로, 외상성 뇌 손상을 입은 군인들의 기억력을 회복시키기 위해서 두뇌 임플란트를 이용해 뇌가 새로운 기억을 코드화할 수 있게 도와주는 사업이다. 2013년 11월의 자료에서 DARPA가 요약적으로 설명한 바에 따르면, 그 같은 두뇌 임플란트는 뇌의 어떤 부분들을 자극하는 방법을 통해 학습 능력을 향상시키거나 반응 속도를 높이거나 감정을 제어하는 용도로도 사용될 수 있다.

기술의 교만에 사로잡힌 트랜스휴머니스트들은 인간의 뇌를 컴퓨터에 구현하겠다는 생각을 가지고 있다. 이러한 생각을 전파하기 위해 '특이점 대학Singularity University'까지 설립한 레이 커즈와일은 다음처럼 예고했다. "인간의 사고는 생물학적 사고와 비생물학적 사고가 결합된 하이브리드 형태가 될 것이다. 인간은 점차 기계와 융합되면서 스스로를 향상시킬 것이다." 커즈와일이 세운 이 독특한 대학의 후원자 중에는 구글의 래리 페이지와 세르게이 브린은 물론이고 페이팔의 창업자인 피터 틸도 있다. 구글 본사 근처에 위치한 캠퍼스에는 2008년 설립 이후 2500명이 넘는 은행가, 건축가, 회사 경영자, 다국적 기업의 임원이 학생으로 다녀갔다. 이 '대학생'들은 일주일간 교육을 받은 뒤 사절단처럼 전 세계를 다니면서 특이점 대학의 강의 내용을 알리기도 한다. 기술 발전에 제약을 가하지만 않으면 기술 해법주의가 인간의 모든 문제를 해결해 줄 것이라고 말이다. "공권력은 기하급수적으로 발전하는 기술을 이해할 준비가 되어 있지 않다. 그래서 기술의 발전을 구속하려는 경향이 있는데, 그래 봤자 아무 소용이 없다." 야후의 부사장을 역임했고 현재는 특이점 대학의 글로벌 대사를 맡고 있는 살림 이스마일의 설명이다.

빅데이터 기업의 자유지상주의 이데올로기는 완전한 개인주의에 기초한다. 각자 자기 할 일만 하면 된다는 유일한 규칙과 함께 어떻게든 기술적 진보를 추구하는 형태다. 미국의 철학자이자 경제학자인 프랜시스 후쿠야마는 다음과 같은 우려를 표한 바 있다. "지금부터 다음 두 세대에 걸쳐 우리는 생명공학 덕분에 그 어떤 사회공학 전문가도 해 내지 못한 일을 할 수 있는 도구를 갖게 될 것이다. 그때가 되면 원래 존재하던 대로의 인간이 사라짐에 따라 인간의 역사도 종말을 맞을 것이다. 새로운 역사, 인간 이후의 역사가 시작되는 것이다."[55]

완전 실업

인공지능 로봇이 우리의 모든 일자리를 빼앗고 있다

"미래의 목표는 완전 실업이다. 그러면 우리는 그냥 놀면 된다."

_아서 클라크, 공상과학 소설 작가·미래학자

"보라색 공을 갖다줘." 2008년 봄, 툴루즈에 위치한 CNRS 산하 LAAS(Laboratoire d'Analyse et d'Architecture des Systèmes, 시스템분석및구성연구소)에서 실험자가 지시를 내렸다. 상대는 157센티미터 키의 인간형 로봇 HRP-2였다. HRP-2는 탁자에 놓인 붉은색 공과 초록색 공을 쳐다보더니 이렇게 답했다. "보이지 않습니다." 실험자는 다시 지시했다. "더 찾아 봐." HRP-2는 고개를 좌우로 돌리며 방을 살폈고, 캐비닛 위에 있는 보라색 공을 마침내 발견했다. 캐비닛 쪽으로 천천히 다가간 HRP-2는 공을 잡기 위해 팔을 뻗었다. 그러나 공이 너무 높은 곳에 있어서 손이 닿지 않았다. 그러자 HRP-2는 까치발을 했고, 그 모습에 연구진은 열광했다. 이 인간형 로봇이 내장된 알고리즘을 사용해 스스로 난관을 해결하는 시험을 통과한 것이다. 그런데 까치발을 하느라 균형을 잃은 HRP-2는 이번에는 넘어질 위기에 처했다. 하지만 녀석은 왼팔을 뒤로 뻗고 오른발을 앞으로 뻗으면서 곧바로 균형을 잡았다. 넘어지지 않으려면 균형을 맞춰야 한다는 것을 깨닫고, 혼자서 균형 방정식을 풀어낸 결과였다. "그 반사적 행동은 누가 가르쳐 준 게 아니었다. 프로그램되어 있던 게 아니란 얘기다." 프로젝트 책임자인 장 폴 로몽은 지금도 그 일에 대해 감탄한다. 그날 인공지능 연구는 큰 도약을 이루었다. HRP-2가 신체 지능을 갖고 있음이 드러났기 때문이다. 신체 지능이란 인간이 몸의 움직임을 자동으로 조종할 수 있게 해 주는 것인데, 이 덕분에 인간의 뇌는 정보의 포화 상태에 빠지지 않고 언어나 추론 같은 보다 복잡한 일에 집중할 수 있다.

유리 진공관을 부품으로 사용한 최초의 컴퓨터가 개발되고 69년 뒤, 정보과학의 혁명은 공상과학 소설에나 나오던 '똑똑한' 인간형 로봇을 탄생시키기에 이르렀다. 인간형 인공지능 로봇은 현재 컴퓨터에서 구현되는 기술이자 앞으로 인터넷보다 우리 삶을 더 크게 바꾸어 놓을 기술인 인공지능의 가장 화려한 형태에 해당한다. 인실리코in silico, 즉 실리콘 칩으로 만들어진 인공지능의 원리는 '진화 알고리즘'에 있다. 명칭이 말해주듯 생물학적 진화의 메커니즘에 착안한 알고리즘으로, HRP-2 같은 로봇이나 금융, 법률, 의료 진단 분야의 분석 소프트웨어에 사용된다. "이 프로그램은 혼자서 답을 내놓는다. 자기가 답을 어떻게 찾았는지 인간에게 설명해 주지도 않는다. 이러한 알고리즘은 절대적 독창성을 발휘할 수 있다. 문제를 해결하면서 새로운 방법을 발견하는 것이다. 법적으로 권리가 주어진다면 이 알고리즘은 스스로 찾아낸 방법을 가지고 특허도 낼 수 있을 것이다. …… 알고리즘이 인간의 통제를 벗어나는 것은 이론적으로 얼마든지 가능하다. 진화형 프로그램은 인간이 그 진화를 이해하는 속도보다 빠르게 진화할 수 있기 때문이다." 파리 에콜 상트랄의 신경과학자 이드리스 아베르칸의 말이다.[56]

알다시피 로봇은 반복적인 일에서는 이미 인간과 경쟁하기 시작했다. 세계적인 경영 전략 컨설팅 회사인 보스턴컨설팅그룹은 이렇게 예고했다. "앞으로 한 분야의 경쟁력은 로봇화의 정도에 좌우될 것으로 보인다. 더 많은 프로그래머와 더 나은 로봇 인프라를 갖춘 국가가 제조업자들의 투자를 따낼 것이다." 하이테크 대기업들의 제품을 위탁 생산하는 타이완의 전자제품 제조사 폭스콘은 머리카락 세 배 굵기의 미세한 부품을 여러 개의 손가락으로 다룰 수 있는 로봇 팔을 공장에 설치하기 시작했다. 주로 아이폰 생산을 위해 고용하는 100만 중국인 노동자를 로봇으로 대체하는 것이 목표다. 유럽위원회의 평가에 따르면 로봇 시장은 서비스 로봇만 따져도 2020년에는 1000억 유로 규모에 이르게 될 것이다. 그래서 빅데이터 기업들은 이 엘도라도에 막대한 투자를 하고 있다.

예를 들어 아마존은 물류 창고용 로봇 전문 회사인 미국의 키바시스템스를 8억 달러에 인수해 배송 센터 내 스마트카트의 수를 10배로 늘렸다. 2015년에 아마존 CEO 제프 베이조스는 자동 물류 시스템의 성능을 높이기 위해 물류 로봇 대회도 만들었다. 로봇들이 선반에서 과자나 장난감 같은 상품을 찾아서 알맞은 상자에 담는 기능을 서로 겨루는 것이다. 제프 베이조스는 드론을 이용한 배송도 꿈꾸고 있으며, 미국에서는 이미 시험에 들어갔다. 구글 역시 '기업 쇼핑'에 나서, 미국의 메카로보틱스와 일본의 샤프트를 비롯해 로봇 팔이나 3D 영상 시스템 관련 스타트업 여러 곳을 인수했다. 메카로보틱스는 사람과 함께 생활하고 일도 하는 로봇을 전문으로 만드는 곳이고, 샤프트는 후쿠시마 원전 사고 현장에 투입된 이족보행 로봇을 만든 곳이다. 특히 2013년에 구글은 미 국방부와 손잡고 있는 군사 로봇 제조사 보스턴다이내믹스까지 사들였고,* 이로써 최첨단 군사용 동물 로봇을 수중에 넣었다. 보병 대신에 무거운 군사 장비를 싣고 날라 줄 수 있는

---

* 샤프트와 보스턴다이내믹스는 2017년에 일본의 소프트뱅크가 다시 인수했다.

빅독Big Dog, 시속 50킬로미터 속도로 달리는 세계에서 가장 빠른 사족보행 로봇 치타, 고양이처럼 민첩하게 뛰면서 뒤로 돌거나 직각으로 방향 전환을 할 수 있는 정찰 로봇 와일드캣Wild Cat 같은 것들이다.

인공지능 덕분에 이제 컴퓨터는 인간의 두뇌가 꼭 필요하다고 여겨졌던 복잡한 일도 대신하면서 노동 시장에서 인간과 정면 대결을 하고 있다. 앞으로 20년 뒤면 미국의 일자리 47퍼센트가 지능형 기계들에 돌아가게 될지도 모른다. 적어도 2013년 9월에 옥스퍼드대학의 두 교수가 702가지 직업을 대상으로 진행한 연구에 따르면 그렇다. 인공지능이 발전함에 따라 많은 직종에서 로봇이 인간의 일자리를 빼앗게 되는 것이다. 기자를 대신하는 '기자 로봇'은 이미 존재한다. 알고리즘을 이용해 인터넷에서 실시간으로 정보를 수집한 뒤 상관관계를 짓고 짜깁기해서 경제면이나 스포츠면 기사를 작성하는 프로그램 말이다. 이제 기계는 인간을 보좌하는 데 그치지 않고 인간을 대신하기에 이르렀다. 블루칼라 직종에 이어 화이트칼라 직종도 점차 같은 운명을 맞이하고 있다. 게다가 기업들은 직원에게 언제 어디서든 일할 수 있게 해 주는 노트북 컴퓨터를 쥐어 주면서 더 적은 인력으로 더 많은 업무를 처리한다는 공식을 최대한 활용한다. 오픈 스페이스open space 사무실의 최종 단계인 이동 사무실에서는 어떤 직원도 정해진 자기

자리를 갖지 않으며, 누가 퇴사를 하더라도 빈자리가 거의 드러나지 않는다.

많은 경제학자가 볼 때 조지프 슘페터가 말한 '창조적 파괴', 즉 기술 발전이 낡은 일자리를 파괴하고 더 혁신적이고 가치 있는 다른 일자리를 창조한다는 논리는 더 이상 통하지 않는다. 이제 사회는 코닥과 인스타그램의 사례가 보여 주는 또 다른 파괴 논리에 지배되고 있다. 코닥은 1990년대 말만 해도 14만 직원을 거느린 기업이자 280억 달러의 가치가 나가는 즉석사진업계의 제왕이었지만, 디지털 전환에 실패하면서 2012년에 파산 신청을 했다. 그런데 사진 공유 애플리케이션을 개발한 인스타그램은 바로 그해에 페이스북에 7억 1500만 달러에 인수된다. 직원이 13명밖에 안 되는 스타트업이었는데도 말이다. 이후 2014년에 저커버그는 인스턴트 메신저 서비스 왓츠앱도 190억 달러를 주고 사들였다. 디지털 기업들이 새로운 형태의 전면적 독점을 만들어 내고 있는 것이다.

음악, 영상, 출판 같은 일부 산업 분야는 디지털의 등장으로 완전히 해체되다시피 했다. 예를 들어 음악 산업의 인력 수요는 10년 만에 반토막이 났다. 그리고 GAFA의 부속물로서 일명 'NATU'로 불리는 넷플릭스Netflix, 에어비앤비Airbnb, 테슬라Tesla, 우버Uber는 일자리 파괴를 거드는 것 이상으로 노동계를 불안정한 상태로 몰아가고 있다. 구매자와 판매자를 직접 연결해 주는 이 플랫폼 기업들은 노동자를 일종의 '협력사'로 만들기 때문이다.* 그러니 노조란 있을 수 없고, 기업이 게임의 규칙을 정하면 그만이다. 택시업계의 악몽인 우버는 직원 수가 1000명 정도밖에 안 되지만 약 100억 달러의 수익을 거둔다. 호텔 기업들의 직접적인 경쟁자인 에어비앤비의 경우, 주력 시장 중 한 곳인 프랑스에서 겨우 25명의 직원으로 연간 8억 달러를 벌어들이고 있다. 2015년 10월에 아마존은 일반인을 활용한 배송 서비스도 시작했다. 일반인이 스마트폰으로 간단히 지원한 뒤 파트타임 형태로 시간당 약 20달러의 수당을 받고 아마존의 물품을 배송하는 방식이다. 얼마 전부터 프랑스 주요 도시에서는 음식 배달 서비스 스타트업이 늘어나고 있는데, 이 업체들은 직원 몇 명이 사무실에 앉아서 알고리즘을 이용해 사회보장도 급여도 없는 수많은 '자영업자'를 중개해 주는 식으로 운영된다. 이러한 '우버화化'는 사회의 불안정화를 가속화하지만, 가격 파괴를 통해 소비자에게는 구매력이 높아졌다는 착각을 심어 준다.

인터넷과 인공지능 컴퓨터는 우리에게 공유 경제와 사회 연대를 약속했다. 그러나 디지털 유토피아는 오로지 상업적인 사고

---

* 가령 우버는 운전자를 고용해 운수업을 하는 것이 아니라 운전자와 고객이 정보를 주고받는 플랫폼만 제공하며, 따라서 우버 차량의 운전자는 우버에 소속된 노동자가 아니라 개인 사업자로 간주된다.

방식에 휩쓸려 간데없고, 초다국적 기업들만 계속해서 부와 힘을 키우고 있을 뿐이다. 보스턴컨설팅그룹은 사회의 자동화로 인해 2025년이면 세계적으로 인건비가 지금보다 16퍼센트 감소할 것이라고 전망했다. 경제학자 대니얼 코언의 말을 빌리자면, 디지털 혁명은 "성장 없는 산업혁명"이다.[57] 코언에 따르면 일자리의 절반이 디지털화로 인해 위협받고 있으며, 특히 중산층의 일자리가 위기에 처해 있다. 자율 주행 자동차, 3D 프린터, 인공지능 번역기, 드론 배송, 자동 운반 장치, 법률 로봇, 의료 진단 알고리즘 등은 많은 일자리를 사라지게 만들겠지만, 기술 혁신이 이제까지 그랬던 것처럼 새로운 일자리를 만들어 낼 것이라는 확신은 전혀 없다. 디지털 기술이 낳은 새로운 직업들은 지금까지는 사람들의 기대를 채워 주지 못하고 있다.

구글은 기계에게 인간의 언어를 이해하고 감정을 파악하는 법을 가르친 데 이어, 군사용 로봇에 새로운 기술을 더해 사회성을 가진 '소셜social' 로봇을 만들 생각까지 하고 있다. 구글이 2015년 8월에 어떤 행사에서 보스턴다이내믹스의 인간형 군사 로봇을 '길들인' 업그레이드 버전을 소개한 것도 그러한 맥락에서였다. 2014년에 에릭 슈밋은 다음과 같이 썼다. "현재 가장 흥미로운 작업은 사람의 동작을 인식하고 그에 따라 반응할 수 있는 소셜 로봇을 만드는 것이다."[58] 코봇cobot이라 불리는 협업 로봇, 즉 사람을 도와주는 역할을 하는 로봇은 고령화 사회에서 일단 고령자를 위한 간병 로봇으로서 넓은 판로를 확보한다. 그런데 빅데이터 기업은 소셜 로봇이 양로원이나 요양원에서만 활약하는 것이 아니라, 정서가 결핍된 초연결형 개인들 사이에서도 인기가 있을 것으로 기대하고 있다. "페이스북 친구 150명과 로봇 한 대"라는 슬로건이 떠오르는 대목이다. 물론 개인을 위한 소셜 로봇에는 사용자와 잘 어울릴 수 있는 인격, 즉 사용자의 성격, 습관, 취향, 기대와 관련된 데이터에 따라 맞춤형으로 제작된 인격이 부여될 것이다. 그러나 코봇은 복잡성이 모두 제거되고 정신적인 만남도 결여된 가짜 인간관계를 제공함으로써 디지털 시대의 인류 '호모 누메리쿠스Homo numericus'의 고독을 심화할 가능성이 크다. 코봇은 현재 3만 유로 정도에 판매되지만, 점차 가격이 내려가면서 우리의 일상을 침범하게 될 것이다. 게다가 앞으로는 직원을 채용하거나 해고하는 결정도 로봇에게 맡겨질지 모른다. 최근 미네소타대학과 토론토대학이 진행한 연구에 따르면 면접관의 직관보다 컴퓨터의 알고리즘이 더 신뢰할 만하다는 결과가 나왔기 때문이다. "기계가 결정을 내리도록 내버려 두는 편이 낫다"는 것이 연구진의 설명이다. 인간형 로봇이 흔해지는 세상이 되면 가사 로봇이 아닌 사람을 도우미로 쓰는 것이 진짜 사치가 될 게 분명하다.

디지털화와 자동화로 일자리가 줄어들고 있는 시대에 인간형 로봇의 등장은 '기술적 실업'을 완전 실업의 최종 단계까지 몰아가는 계기가 될 수도 있다. 그렇게 되면 창의성이나 사람의 손을 꼭 필요로 하는 고부가가치 일자리밖에 살아남지 못할 것이다. 경제학자 누리엘 루비니의 예측대로라면, 노동 인구의 20퍼센트에 해당하는 그러한 일자리 종사 인구가 주당 120시간 일하는 것으로 세계 경제 활동은 충분히 유지되기 때문이다. 빅데이터 기업들은 그 같은 변화를 이미 예상해, 실업자가 된 나머지 80퍼센트의 노동 인구에게 '기본 소득'을 주는 방안을 생각해 왔다. 이러한 방안은 겉으로는 관대하고 인도주의적인 것처럼 보이지만, 실은 빅데이터 기업으로부터 많은 후원을 받는 급진적 자유주의자들, 즉 자유지상주의자들이 열렬히 지지하는 것이다. 다수가 된 비취업 인구에게 생계 연금을 지급함으로써 저항의 원인이 되는 부당함의 느낌을 억누를 수 있고, 연금 규정에 관계된 구속으로 봉급생활을 미련 없이 포기시킬 수 있기 때문이다.

더 적은 규제와 더 작은 정부를 통해 소수의 개인이 더 많은 부를 차지할 수 있게 하는 것, 이것이 자유지상주의 이데올로기를 지지하는 거대 디지털 기업의 목표다. 따라서 이 기업들은 복지국가를 구시대적인 것으로 취급한다. 아무리 조세 회피를 해도 복지국가라는 이 못마땅한 제도는 여전히 너무 많은 세금을 거둬가기 때문이다. 더구나 알고리즘과 지능형 기계를 이용하면 생산성을 엄청나게 향상시킬 수 있다. 로봇의 구매와 유지에 필요한 비용에 맞먹는 가치가 일단 생산되면, 다시 말해 설치에 들어간 본전을 뽑고 나면, 그다음부터 로봇이 잠도 휴가도 없이 계속 제공하는 노동력은 모두 수익으로 돌아오기 때문이다. 언제까지나 저렴할 줄 알았던 인건비가 결국 상승하기 시작한 중국에서 로봇은 1년이 조금 넘으면 본전을 찾아 준다.

빅데이터 지배자들은 생산성 향상으로 뽑아내는 엄청난 부를 최대치로 유지하기 위해 이른바 '자유 소득'이라는 것도 고안해 냈다. 현재 25억 네티즌에게서 거저 수집하고 있는 디지털 발자국에 대해 '급여'를 지급하겠다는 것이다. 충분히 실현 가능한 발상이다. 하바스미디어가 2014년 9월 30일에 실시한 조사에 따르면, 프랑스인의 30퍼센트가 자신의 개인 데이터를 팔 의향이 있다고 답했다. 젊은 연령층에서는 금전적 대가가 주어진다면 더 많은 개인 정보를 제공할 수 있다고 답한 비율이 42퍼센트에 이른다. 2014년 10월 미국 브루클린에서는 한 예술가가 개인 정보 보호에 대한 관심을 촉구하기 위해 교훈적인 실험을 기획했는데, 이 실험에서 380명의 뉴욕 시민이 자신의 이름, 주소, 지문, 사회보장번호 등을 쉽게 넘겨주었다. 고작 계피 쿠키 하나에…… 자동화로 생산성이 향상되면서 생긴 수익의 일부는 가격 하락의 형태로 재투입된다. 기본 소득 수혜자들의 구매력을 키워 주는 것이 목적이다. 재료와 도면 파일이 있으면 집에서도 제품을 제작할 수 있게 해 주는 3D 프린터 역시 소비 시장에 변화를 가져올 기술이다. 이제 소비자는 생산자producer와 소비자consumer의 역할이 결합된 '프로슈머prosumer'가 되어 가고 있다. 앞으로는 정보가 돈이나 물건보다 더 중요한 가치를 갖게 될 것이다. 빅데이터 기업들의 거대한 디지털 금고에 저장되는 정보 말이다.

소비 시장에서 무엇이 유료가 되고 무료가 될지는 소수의 세계적 엘리트들이 결정하게 된다. 물론 여기서 무료는 '용인할 수 있는 실업'에 따라오는 결과다. 다수의 실업자가 소수의 개인에게 부가 집중되는 것을 암묵적으로 수용한 대가로 필수적인 욕구를 무상으로 충족시키고 주로 빅데이터 기업이 제공하는 공짜 여가도 즐기는 새로운 사회 구조가 만들어지는 것이다. 인간의 지능이 가능한 모든 분야에서 인공지능으로 대체될 경우 그 같은 광범위한 실업 상태는 불가피하다. 그래서 빅데이터 기업들은 우리의 마음을 사로잡고 안심시키면서, 생산과 노동이 점차 로봇에게 맡겨지게 될 세상에 대해 우리를 준비시키고 있다.

"슈퍼 인공지능 컴퓨터를 통제하는 사회 엘리트들이 나머지 인류에 대해 절대적 권력을 행사하는 위치에 놓일 것이다." 캘리포니아대학에서 물리학과 우주론을 가르치는 앤서니 아기레가 내놓은 전망이다.[59] 아기레는 또 다른 위험에 관해서도 경고한다. "더 장기적으로 보면, 기계가 인간의 권력을 빼앗고 인간을 노예로 만들어 지배하는 시대가 올 수도 있다. 기계가 인간을 멸종시키려 드는 일도 일어나지 말란 법은 없다. 연구자들은 충분히 많은 의문을 던져 볼 새도 없이 언제나 더 빨리 나아가야 한다는 압력을 받고 있다." 인간은 군사용 사이보그를 만듦으로써 미국의 작가 아이작 아시모프가 제안한 로봇의 3원칙 가운데 첫 번째 원칙, 즉 "로봇은 인간에게 해를 끼치지 않아야 한다"라는 원칙을 이미 위반했다. 로봇공학이 참사를 불러올 날을 막기 위해 70년도 더 전에 정해 둔 원칙이 깨진 것이다. 이와 관련해 앤서니 아기레는 디지털 두뇌의 힘에 제한을 두자는 해결책을 제안한다. 그가 2014년 초에 생명미래연구소Future of Life Institute 설립에 참여한 것도 인공지능이 우리 삶에 미치는 영향을 고찰하기 위한 행보였다.

실리콘밸리의 스타이자 민간 우주항공기업 스페이스X의 CEO인 일론 머스크 역시 위협을 의식하고 있다. 머스크는 생명미래연구소에 1000만 달러를 기부했고, 관련 분야의 최근 연구에 대한 정보를 지속적으로 얻기 위해 인공지능 전문 스타트업에도 투자를 해 왔다. 그리고 공개적으로 이렇게 발언하기도 했다. "나는 인간이 디지털 슈퍼 지능을 위한 생물학적 부팅 프로그램으로 전락하지 않기를 바란다. 그러나 불행히도 그렇게 될 가능성이 커지고 있다."⁶⁰ 유명한 천체물리학자 고故 스티븐 호킹도 생전에 비관적으로 생각했다. 그는 "생각하는 기계"를 만들어 내려는 빅데이터 기업들의 집착이 "인류의 송말을 가져올 수도 있다"고 보았다. 완전한 인공지능이라면 스스로를 해방시키고 개선할 수 있을 것이기 때문이다. 호킹이 경고했듯이 "더딘 생물학적 진화에 묶여 있는 인간은 경쟁이 안 돼서 결국 밀려나는" 처지가 될 수도 있다.

빅데이터 기업들이 인공지능이라는 판도라의 상자를 열면서 인간과 로봇은 최상의 경우든 최악의 경우든 경쟁 관계에 놓이게 되었다. 작가 피에르 불은 소설 《혹성탈출》에서 한 인물의 입을 빌려 이렇게 말했다. "소로르 행성에서는 모든 게 순조로웠다. 간단한 일은 기계에 맡겼고, 다른 일은 유인원을 길들여 시켰다. 그러는 사이 우리 인간은 몸을 쓰는 일도, 정신을 쓰는 일도 그만두게 되었다. 아무리 재미있는 책이라도 더는 흥미를 느끼지 못했다. 그리고 그동안 그들은 우리를 관찰하고 있었다."

소비하고 놀고 즐기고

디지털 세계는 인간의 비판력을 마비시킨다

> "개인 맞춤형 기술은 워낙 훌륭해서, 사람들이 어떤 의미에서든 자신에게 맞
> 지 않는 것을 보거나 소비하는 일은 정말 드물어질 것이다."
>
> _에릭 슈밋, 《파이낸셜타임스》, 2007. 5.

2014년 한 학술 논문이 발표되었을 때, 70만 네티
즌은 자신이 2년 전에 자기도 모르게 페이스북의 실험에 동원되
었다는 사실을 뒤늦게 알게 되었다. 그것은 2012년 1월에 페이스
북이 일주일간 비밀리에 진행한 실험으로, "사회 연결망을 통한 대
규모 감정 전염의 실험적 증거"라는 제목을 가지고 있었다. 이 실
험을 위해 페이스북은 뉴스피드News Feed*를 임의로 조작했다. 사
용자를 그룹당 20만 명이 조금 넘게 세 그룹으로 나눈 뒤, 이들
그룹 각각이 긍정적인 정보, 부정적인 정보, 중립적인 정보 중에
서 하나를 주로 접하게끔 인위적으로 설정한 것이다. 이어서 알고

---

* 페이스북에 접속하면 나오는 첫 화면으로, 친구의 소식이나 좋아하는 페이지·그룹·광고
등에 대한 모든 새로운 뉴스를 볼 수 있는 곳이다.

리즘을 이용해 해당 사용자들이 올리는 글을 분석했고, 정보에서 풍기는 분위기가 사용자의 감정 상태에 변화를 주고 사용자의 행동에까지 영향을 미친다는 사실을 알아냈다. 긍정적인 정보에 집중적으로 노출된 사용자는 긍정적인 단어가 포함된 글을 더 많이 쓰는 반응을 보였기 때문이다. 따라서 이 연구 결과는 빅데이터 기업이 사회 연결망을 통해 사람들의 감정 상태를 지속적으로 조종할 수 있다는 증거이기도 하다. 게다가 문제의 실험은 전적으로 합법적인 것이었다. 알다시피 페이스북에 가입할 때 사용자는 "데이터의 분석과 테스트, 서비스의 연구와 개선"을 위해 자신의 개인 데이터를 페이스북에 넘기는 데 동의하기 때문이다.

우리의 감정을 알아내서 우리를 더 잘 통제하고 우리 안에 잠들어 있는 소비자를 일깨우는 것, 이것이 빅데이터 기업들이 원하는 바다. 페이스북은 이른바 '딥러닝deep learning'이라는 알고리즘에 일찍부터 투자를 해 왔다. 이는 말하자면 단어의 순서, 의미, 맥락을 보고 텍스트에서 감정을 읽어 내는 프로그램이다. 이 새로운 세대의 알고리즘은 다량의 디지털 데이터에서 메일, 사진, 영상을 가려내고 네티즌의 인격까지 뽑아내는 단계에 이르렀다. 최종 목표는 사용자의 기대를 파악하는 수준을 넘어 그보다 앞서는 것이다. 페이스북은 인간 감정의 모든 뉘앙스를 컴퓨터에게 가르치기 위해 해당 분야의 세계 최고 전문가 중 한 명인 얀 르쿤도 영입했다. 딥러닝 기술의 개척자이기도 한 얀 르쿤은 현재 파리에서 약 40명의 연구진과 함께 기계에게 디지털 데이터에서 출발해 개인 간의 감정적 관계를 알아내는 법을 가르치고 있다.

빅데이터 기업들은 우리의 욕구보다 앞서 나가면서 우리에게 거부할 수 없는 힘을 행사한다. 빅브러더보다 한 수 위인 '빅마더 Big Mother'의 등장이다. 자식을 행복하게 해 줄 궁리만 하는 어머니처럼, 빅마더는 우리의 뜻을 거스르는 것이 아니라 우리가 원하는 것을 다 들어주면서 통제하는 부드러운 독재를 펼친다. 이에 대해 심리학자 세르주 에페는 이렇게 강조했다. "빅마더는 당신에 대해 당신 자신이 아는 것보다 더 많이 알고 있다. 우리의 모든 욕구를 채워 주고, 우리의 모든 욕망을 예측하고, 우리의 아주 은밀한 생각까지 간파하고, 우리의 행복을 위해/우리 삶의 가장 작은 부분까지 다정하면서도 설득력 있게 지배한다. 젖먹이 같은 우리 영혼을 공포에 떨게 만드는 동시에 매료시키는, 무시무시한 어머니이자 전지전능한 어머니다."[61] 구매 충동을 끌어내고자 할 때는 네티즌의 심중을 파악해 무의식에 잠재된 욕구를 부추기면 된다. 욕구가 먼저 존재하는 것이 아니라, 기술로 새로운 물건을 만들어 내서 욕구를 불러일으키는 것이다. 그러면 우리는 그 물건이 쓸모가 있건 없건 위험하건 간에 욕구에 휘둘릴 수밖에 없다. 세계 최대 온라인 서점 아마존에서는 '품목 대 품목 협업 필터링item-to-item collaborative filtering'으로 불리는 추천 시스템이 고객을 상대한다. 여러분이 미처 생각하지 못한 책까지 "좋아할 만한" 책이라며 알려 주는 강력한 알고리즘이다. 이 시스템은 여러분의 머릿속을 들여다보기 위해 여러분이 이전에 주문한 책과 조회한 내역, 어떤 책에 대한 리뷰를 읽는 데 들인 시간, 여러분의 국적, 고향, 심지어 여러분이 접속한 장소의 날씨까지 세밀하게 분석한다. 그리고 그 모든 정보를 여러분과 비슷한 소비자들의 구매 습관과 비교하고, 비슷한 사용자들이 좋아한 책과 내용이 유사한 책을 여러분에게 추천한다. 결국 서점에서 구매할 수 있는 300만 권의 책 중에서 컴퓨터 프로그램이 여러분의 현재 욕구에 상응한다고 판단한 극히 일부만을 골라서 보여 주는 것이다.

요즘에는 소프트웨어가 무엇을 읽고, 어떤 음악을 듣고, 어떤 영화를 보고, 무엇을 먹고, 어디로 갈지 알려 준다. 특히 전자책이 나오면서 우리는 개인적인 독서 활동까지 분석당하는 처지가 되었다. 전자책 단말기에 들어 있는 스파이웨어는 여러분이 어떤 책을 읽었는지만 아는 것이 아니라, 정확히 어떤 대목을 건너뛰거나 대충 읽으면서 마음에 안 들어 했는지도 안다. 여러분의 머릿속을 들여다보는 것은 여러분이 스트리밍 서비스로 영화를 보거나 음악을 들을 때도 반복된다. 1100만 곡의 음원을 보유한, 미국 음악 스트리밍 서비스 시장의 선도 기업 애플은 사용자의 음악 취향을 파악하는 것을 넘어, 사용자가 어떤 곡을 들었는지에 따라 사용자의 기분까지 추론할 수 있다. 이러한 일종의 감정적 지표를 이용하는 것이 새로운 광고 전략이다. 광고 시장은 하루에 300만 번의 '좋아요'를 누르는 페이스북 사용자들에게 특히 고맙다고 말해야 할 것이다. 이제 광고는 노골적인 느낌을 줄 수 있는 잦은 노출과 과장된 형태를 취하기보다는 눈에 보이지 않는 미끼로 소비자를 유혹한다. 그러면 소비자는 미끼인 줄도 모르고 그것을 꿀꺽 집어삼킨다. 우리가 욕구를 드러내자마자 바로 그 욕구를 충족해 줄 서비스가 눈앞에 등장하는 식이다.

빅데이터 기업은 그런 식으로 우리의 조급함을 키운다. 미친 듯한 시간 단축 속에서 사람들은 조금의 기다림도 참지 못하게 되었다. 우리는 하고 싶은 것은 당장 해야 하는 어린아이로 돌아가고, 빅데이터 기업들은 그 욕망을 늘 충족시켜 줌으로써 우리로 하여금 자신이 대단한 힘을 지닌 것처럼 계속 착각하게 한다. 프로이트가 말한 이른바 '욕망의 환각'이다. 클릭 한 번으로 뭐든 얻을 수 있게 해 주는 이 새로운 마법의 지팡이는 노력이라는 개념 자체를 사라지게 만들었다. 우리는 '좀 더 빨리'에 중독되어 자제심을 잃어버렸다. 사회학자이자 철학자인 지그문트 바우만은 이렇게 지적한다. "우리는 이상적인 행복이 끊임없는 자기완성에 있다고 보았던 고대의 스토아학파나 회의주의자들의 철학에서 너무 멀어졌다. 이제 사람들은 노력과 장시간의 노동, 성공이 보장되지 않는 힘든 일은 하지 않아도 되는 지름길을 선호한다."[62]

의혹과 회의는 우리를 성장시키고 발전시킨다. 그런데 빅마더가 우리 대신 선택해 주는 덕분에 우리는 그런 고민을 할 필요가 없게 되었다. 이는 안락함을 제공하는 대가로 자유를 포기하게 만드는 부드러운 독재다. 우리의 디지털 세계를 알라딘의 램프처럼 바꾸어 놓는 개인 맞춤형 알고리즘은 지적 게으름을 조장하고 호기심을 둔화시킨다. 컴퓨터에 의해 모든 것이 계산된 이 극도의 자기중심적 우주에서는 우리가 예기치 못한 상황에 맞닥뜨려 동요하거나 대처해야 하는 일이 일어날 가능성은 거의 없다. 페이스북의 마크 저커버그는 알고리즘을 이용해 네티즌 개개인의 관심사에 꼭 맞는 정보만 자동으로 제공하는 '완벽한 개인용 신문'을 만들겠다는 야심까지 가지고 있지 않은가?

그러나 맞춤형 정보는 개인을 자기 안에 갇히게 만들 수 있다. 우리는 나와 다른 남을 마주하고 경험하지 않으면 성장하고 발전할 수가 없다. 우리를 보호해 주는 고치 안에서 계속 어린아이로 남게 되는 것이다. 빅마더는 인간의 내면 깊숙이 자리한 안전에 대한 욕구를 공략한다. 철학자이자 정신분석학자인 안 뒤푸르망텔이 다음과 같은 말로 상기시켰듯이 인간은 불완전한 존재로 태어나기 때문이다. "다른 동물들과 달리 인간은 처음에는 보호를 받아야 생존할 수 있다. 보살핌을 받지 못하면 죽을 위험에 처하는 것이다."[63] 빅데이터 기업들은 그 같은 인간의 본원적 나약함을 교묘하게 이용한다.

빅마더는 우리 마음을 사로잡으면서 우리가 안고 있는 가장 불안한 문제, 즉 우리 자신의 죽음에 대한 문제를 잊게 만든다. 특히 '삶에 어떤 의미를 부여할 것인가?'와 같은 불온한 문제 제기를 막아 주면서 말이다. 인터넷은 서구 사회의 일상에서 외관상 사라진 죽음의 공포를 더 효과적으로 몰아내기 위해 죽음을 전에 없이 시각화하고 있다. 스크린마다 폭력이 현실감 있게 펼쳐지고, 충격적인 영상이 끝도 없이 재생된다. 사실 우리의 뇌는 감정적인 마약을 아주 좋아한다. 그 이유는 일단 효율의 문제와 관련이 있다. 우리 에너지의 대부분은 뉴런이 소비하는데, 온전히 이성적으로 결정을 내리려면 본능적으로 결정할 때보다 열량이 훨씬 많이 드는 것이다. 따라서 인터넷에서 포르노 사업이 성공하는 것도 이상할 게 없다.

실제로 네티즌이 검색 엔진에 입력하는 검색어의 25퍼센트는 포르노에 관한 것이고, 웹사이트의 12퍼센트에 해당하는 420만 개 사이트가 성인 전용 등급으로 분류되어 있다. 디지털이 포르노그래피를 강박적인 취미로 만든 것이다. 정신분석학자 자크 알랭 밀레는 이를 가리켜 "성교에 대한 열광"이라고 표현한다.[64] 네티즌의 59퍼센트가 일주일에 네 시간 내지 열다섯 시간을 포르노 사이트에서 보내는 광석인 소비 행태다.

독일 막스플랑크 연구소는 포르노 탐닉이 뇌에 미치는 영향에 관한 연구를 내놓기도 했다. 뇌 사진을 통해 확인한 바에 따르면, 일주일에 네 시간 이상 포르노그래피를 접하는 경우 결정을 담당하는 뇌 영역에서 활동 둔화가 나타난다는 내용이다. 연구진은 포르노그래피가 습관성 마약과 비슷한 중독 현상을 야기한다고 지적했다. 뇌를 만족시키려면 매번 더 자극적인 영상이 필요하기 때문이다. 미국 서해안에 모여 있는 기업들이 주로 장악하고 있는 디지털 성性 산업 측에는 좋은 일이겠지만, 미국이 청교도 정신을 내세우는 국가임을 감안하면 그 같은 현상은 아이러니가 아닐 수 없다. 2011년에 페이스북은 프랑스의 한 교사가 외설적이라고 여겨지는 귀스타브 쿠르베의 그림 〈세상의 기원〉을 올렸다는 이유로 그의 계정을 폐쇄하지 않았던가?

인터넷 포르노 업계에서 세계 1위로 꼽히는 마인드긱은 성인 사이트 운영으로 연간 4억 달러를 벌어들인다. 룩셈부르크에 본사를 둔 이 비공개 지주회사는 두 명의 캐나다인 소유로 되어 있는데, 마인드긱이 플랫폼을 제공하는 유폰이나 유허브 같은 포르노 영상 사이트에는 매일 9500만 명 정도의 네티즌이 접속한다. 온라인 포르노그래피 시장의 규모는 벌써 60억 달러를 넘어선 것으로 평가된다.

　이제는 개인의 가장 내밀한 영역도 상상력이 아닌 기성복 같은 환상에 지배되고 있다. 성행위에 에로티시즘을 부여한 유일한 동물인 인간이 자신을 특별하게 만들어 주는 능력을 포기한 채 산더미 같은 의미 없는 영상에 빠진 것이다. 수많은 성인물은 디지털 성 산업의 주머니만 채워 주는 것이 아니라, 빅데이터 기업이 개인을 성적 취향에 따라 분류하는 데도 활용된다. 구글 검색 내역만으로도 많은 인구의 집단적·개인적 성적 프로필을 만들 수 있을 정도다. 특히 성인 사이트는 성이라는 문제와 관련해 개인의 불법적인 행동은 물론이고, 그 유명한 FBI 국장 존 에드거 후버도 꿈꾸지 못할 만큼의 많은 것을 알려 줄 수 있는 정보의 보고에 해당한다. 게다가 포르노그래피는 사회에 대한 저항심을 정지시키는 작용도 한다. 머릿속을 이미 범칙적인 환상으로 가득 채워 놓기 때문이다. 조지 오웰의 《1984》에서 빅브러더는 당黨 내에 '포르노과'라는 하위 부서를 미리 만들어 둔다. 프롤레타리아를 위한 불법 거래용 포르노물을 제작하는 것이 그 부서의 역할이다.

　사람들의 시간과 정신을 지속적으로 점유하는 일은 비디오 게임 산업을 통해서도 이루어진다. 현재 게임 시장은 약 540억 유로의 가치를 띠고 있으며, 매해 평균 6.7퍼센트씩 성장하고 있다. 사실 우리 뇌는 강박적인 '게이머'에 해당한다. 신경학자들에 따르면 게임은 뇌의 주의를 붙잡아 두는 최고의 수단이며, 빅데이터 기업이 게임 분야에 열을 올리는 것도 그 때문이다. 더구나 게임 산업은 디지털 대기업들과 밀접한 관계에 있는 미국의 무기 산업과도 얽혀 있다. 미 육군과 관계를 맺고 있는 국제 문제 전문 싱크탱크 애틀랜틱카운슬은 2014년 10월에 데이브 앤서니를 영입했는데, 그는 세계에서 가장 많이 팔리는 비디오 게임 중 하나인 전쟁 게임 〈콜오브듀티Call of Duty〉의 개발자다. 미 국방부가 전쟁 시뮬레이션의 완성도를 높이기 위해 비디오 게임 업계가 발전시킨 기술에 도움을 청하고 있는 것이다. 원격 조종하는 군사용 드론의 경우도 마찬가지다. '풀 베는 기계'라는 뜻의 이름을 가진 리퍼Reaper는 기지에서 수천 킬로미터 떨어진 표적을 원격 조종에 따라 공격할 수 있는 드론으로, 시뮬레이션 게임 개발자들에 의해 고안되었다. 제압할 목표물의 위치를 파악하기 위한 데이터의 일부는 빅데이터 기업들이 수집해 준다. 그 같은 디지털 기술 덕분에 이제 미군은 지구상 어디에 있는 사람이라도 찾아내 바로 없앨 수 있게 되었다.

빅데이터의 지배자들은 소비자로서의 우리의 기대를 언제나 앞지르면서, 혹은 우리에게 포르노 영상을 물리도록 보여 주거나 게임으로 우리를 즐겁게 해 주면서 우리의 비판력을 손쉽게 마비시킨다. 이 새로운 디지털 세계의 입구에 글귀를 새긴다면 "자유·

평등·박애" 같은 것이 아니라 "소비하고 놀고 즐기고"일 것이다. 도스토옙스키의 《카라마조프가의 형제들》에 나오는 다음 구절은 어쩌면 이 시대에 대한 이야기인지도 모른다. "그들은 자유를 우리 발밑에 갖다 바치면서 '노예로 삼아도 좋으니 제발 먹여 살려 주십시오' 하고 애원할 게 틀림없어."

위즈덤 2.0

빅데이터 기업은 디지털 세계에 대한 거부감마저 길들인다

"비극만이 우리를 불교에서 구원할 수 있다."
_프리드리히 니체

캘리포니아주 마운틴뷰에 위치한 구글 본사에서는 2개월에 한 번씩 '마음 챙김 점심시간mindful lunch'이 열린다. 입사 번호 107번 직원인 차드 멍 탄이 동료들을 초대해 은은한 종소리가 들리는 가운데 조용히 식사를 하는 자리다. 차드 멍 탄의 명함에는 "정말 유쾌한 친구jolly good fellow"라는 문구가 직책처럼 새겨져 있다. 싱가포르 출신인 이 40대 나이의 구글의 '행복 전도사'는 다른 직원들에게 중압감을 다스리는 법을 가르쳐 주고, 그들이 '최적의 정신 상태'에 도달하도록 도와준다.

차드 멍 탄이 말하는 세 가지 원칙은 포용, 평안, 행복이다. 신경과학과 불교의 만남이라 할 수 있다. 그는 자신이 쓴 책의 제목이기도 한 "너의 내면을 검색하라Search inside yourself"라는 제목의 사내 명상 프로그램을 진행하고 있으며, 그의 제안으로 구글 본사의 직원회의는 1분간의 명상으로 시작된다. 버락 오바마나 레이디가가 같은 유명인이 구글 본사를 방문하면 이 '정말 유쾌한 친구'와 몇 분간 담소를 나누고 사진을 찍는 게 관례가 되었다. 2015년 노벨 평화상 후보에까지 오른 차드 멍 탄은 구글의 마스코트로 활약하는 것에 더해, 구글이 스트레스로 정신적 문제를 겪는 직원들 때문에 치르는 연간 6000만 달러의 비용을 줄이는 임무를 맡고 있다. 빅데이터 기업들은 초연결형 개인을 괴롭히는 번아웃burnout*이라는 유행병에 맞서기 위해 새로운 종교도 만들어 냈다. 미국의 소렌 고드해머가 고안한 '위즈덤 2.0'이라는 강연 프로그램이 그것이다. 2014년 9월에 고드해머는 아일랜드 더블린에 위치한 구글 유럽 본사에 초빙되어 "기술을 통해 서로 연결되면서도 우리 자신의 행복에 도움이 되도록 살아가려면 어떻게 해야 하는가"를 주제로 강연하면서 그것이 "우리 시대의 가장 큰 도전"이라고 설명했다.

위즈덤 2.0의 목표는 무엇보다 초연결형 개인이 심리적 문제 때문에 매트릭스와의 접속을 끊게 되는 일을 막는 것이다. 구글과 그 일당은 세금만 최적화하는 것이 아니라 사람들의 감정도 최적

---

* 말 그대로 에너지가 다 타서 없어진 상태로, 과도한 업무와 스트레스에 지쳐 심신이 탈진한 상태를 이른다.

화한다. 초연결 상태로 인해 스트레스를 받는 직원들에게 컴퓨터나 스마트폰에 명상이나 호흡 훈련을 도와줄 프로그램을 깔게끔 부추기는 것이 그 때문이다. 실리콘밸리의 한 스타트업은 '스파이어'라는 이름의 스트레스 관리용 스마트 기기도 내놓았다. 허리띠에 클립처럼 끼우고 다니는 제품인데, 사용자의 스트레스가 너무 높아지면 스마트폰으로 알림을 보낸다. "45분 전부터 스트레스를 받고 있으니 주의하십시오." 그리고 심호흡을 하라고 알려 주며, 심장 박동과 횡격막의 움직임이 정상으로 돌아왔음을 센서로 감지하면 두 번째 메시지를 보낸다. "다시 안정 상태가 되었습니다." 이러한 세태에 대해 로제 폴 드루아는 이렇게 유감을 표했다. "최근 몇십 년간 이루어진 중요한 발명은 직장 생활을 너무나 중요한 것으로 만들어 버렸다. 일을 할 때(그리고 일을 할 때만!) 정말로 행복하고 즐겁고 창조적이고 평온하고 유쾌하고 유능한 등등의 사람이 될 수 있다는 식이다. 이것은 일종의 전체주의다. 더 이상 그 바깥, 자유로운 공간은 존재하지 않는다. 언제 어디서나 행복하고 건강하고 평안해야 할 책임이 주어진다."[65]

우리의 뇌는 지속적인 접속 상태와 계속된 자극으로 과부하가 걸리면서 더 이상 흡수를 하지 못하는 단계에 이르렀다. 여러 가지 일이 동시에 일어나면서 누적되고 세분화되는 디지털 세계에서 뇌의 시냅스는 자비를 호소한다. 인터넷과 함께 우리는 다중 작업의 시대에 접어들었지만, 주의를 끝도 없이 분산시키는 것에 생리학적으로 적응하지 못해 사고의 파편화를 겪고 있다. 신경학자들에 따르면 우리의 뇌는 세 가지 이상의 일을 동시에 하면 제 기능을 못하고 실수가 많아진다. 영국의 연구진은 여러 전자 단말기를 동시에 사용하는 일이 많은 사람의 경우 뇌 구조에 변화가 생긴다는 사실도 밝혀냈다. 감정을 담당하는 영역의 회백질 밀도가 크게 줄어든다는 것이다. 과학자들은 이러한 뇌 손상이 우울증이나 발작적 불안 같은 감정적 기능 장애와 상관관계가 있을 것이라고 본다. 정크푸드 같은 음식이 체중의 과부하를 유발하듯이, '건강에 안 좋은' 접속 상태는 인지적 과부하를 초래하는 것이다. 빅데이터 기업이 위즈덤 2.0 애플리케이션을 판매하는 것은 제약 회사가 한편으로는 혈당 강하제를 팔면서 다른 한편으로는 자회사를 통해 식품업계를 위한 감미료를 만들어 내는 것과 비슷한 형국이다.

기계와의 경쟁은 우리를 질 게 뻔한 경주에 뛰어들게 만든다. 컴퓨터의 계산 속도가 빨라질수록 우리의 작업 속도 역시 빨라진다. 모든 일이 긴급하고, 모든 일이 영순위이며, 모든 일이 즉시 처리되어야 할 대상이다. 직장인들은 언제나 더 빨리, 더 많이 뛰도록 요구받는 육상선수가 되어 버렸다. 사회학자 폴 비릴리오가 말했듯이, "달리는 시간과 쉬어 가는 시간을 다양한 리듬으로 이어

가는 게 아니라 하루에 24시간, 일주일에 7일을 계속 팽팽한 긴장 상태로 있는" 상황이 거의 모든 직종에서 나타난다. "속도가 전부일 뿐 어디로 가는지는 중요하지 않은 세상"이 되었다.[66] 결핍된 의미는 위즈덤 2.0으로 채우라고 요구하는 세상이다.

완벽함의 본보기를 보여 주는 기계 앞에서 인간의 실수는 갈수록 용납할 수 없는 것이 되어 가고 있다. 이제는 인간도 완벽한 존재가 되어야 한다. 그러나 '무결점'이라는 것은 전적으로 부자연스러운 일이다. 신경과학이 밝혀냈듯이 인간에게 실수는 학습 과정의 일부이며, 창의력의 밑거름으로 작용하기 때문이다. 기계와의 경쟁은 접속 시간의 연장과 맞물려 더 큰 스트레스를 유발하는 중이다. 미국인은 하루 평균 12시간 정도를 전자 정보에 둘러싸여 보낸다. 집과 직장 사이의 경계가 무너지면서 간부급 직장인의 60퍼센트가 퇴근해서도 노트북으로 일을 계속한다고 털어놓았다. 이 같은 접속 시간 연장은 빅데이터 기업들에 수익을 안겨 주는 동시에, 노동 시간의 증가로 생산성이 향상되는 결과를 가져왔다. 간부급 직장인은 하루에 메일을 30여 통 보내고 70여 통 받는다. 산더미 같은 전자 우편에 깔리지 않으려면 휴가 중에도 절대 접속을 끊을 수 없다. 이제 우리는 노동의 도구에 중독된 채, 접속을 끊는 일에 죄의식을 느낀다. 심신이 풍선처럼 터질 위기에 처했어도 항상 연락이 닿는 상태를 유지한다. 결코 잠들지 않는 기계에 의해 계속 공급되는 끊임없는 정보는 우리의 생체 리듬에 해가 된다는 점에서 이는 문제가 아닐 수 없다. 그래서 프랑스 통신 회사 오랑주의 부사장 브뤼노 메틀랭은 2015년 9월에 디지털 기술이 직장 생활에 미치는 영향에 관한 보고서에서 '접속을 끊을 권리'를 제안하기도 했다.

빅데이터 기업은 과거에는 분리되어 있었던 업무, 휴식, 여가 시간을 하나로 합쳐 놓았다. 그런데 우리의 뇌는 24시간을 주기로 하는 지구의 자전 리듬에 따라 작동한다. 낮과 밤의 교대가 우리의 생체 프로그램에 깊숙이 새겨져 있다는 말이다. 새로운 도구들은 컴퓨터 화면에 열린 여러 개의 창만큼 여러 가지 일을 동시에 할 수 있는 가능성을 제공하는 것처럼 보이지만, 사회학자 하르트무트 로자는 이렇게 지적한다. "사실 우리는 원하는 바를 모두 다 해내지 못하는 데 따른 좌절감과 제대로 하지 못하는 데 따른 불만을 겪는다. 우리의 잠재력, 우리에게 주어지는 선택의 폭은 계속 커지는데 우리의 구체적인 능력은 오히려 점점 줄어들고 있다."[67] 단위 시간당 할 수 있는 활동의 수가 기하급수적으로 늘어나면서 그 추세를 따라가기 위해 파멸로 치닫는 광란의 레이스가 벌어지고 있는 것이다.

더구나 디지털 기술은 우리를 고독의 우물에 빠뜨리면서 한층 더 불행하게 만든다. 물론 SNS상에서는 누워서 떡 먹듯이 친구를 만들 수 있다. 하지만 페이스북이나 마이스페이스 사용자들은 친구 수가 평균 130~150명 정도 되는데도 그 수를 더 늘리고 싶어 한다. 친구가 많을수록 인기가 많다는 증거이기 때문이다. 누구든 데려와 자기편 병적에 올려야 한다는 강박관념에 사로잡힌 징집 하사관과 비슷하다. 그러나 그 '인기'는 숫자가 가져다주는 착각에 지나지 않는다. 페이스북은 "당신이 당신 인생의 중요한 이들과 항상 연결되어 있도록 해 준다"라고 말하지만 이러한 슬로건은 현실과는 거리가 한참 멀다. 마크 저커버그의 비공식 전기[68]에 쓰인 것처럼, 페이스북이 자폐에 가까운 사회 부적응자에 의해 만들어졌다는 것이 문제의 원인일까?

페이스북 창업 비화에 따르면, 대학 시절에 저커버그는 여자친구한테 차인 뒤 복수하기 위해서 교내 여학생들 사진을 올려놓고 남자들끼리 투표하는 사이트를 만든다. 표를 얻은 숫자대로 인기 순위가 매겨지는 알고리즘을 고안한 것이다. 인간관계의 가상화는 효율성과 신속성을 얻게 해 주었지만, 서로를 직접 마주하는 만남이 주는 풍요로움이 사라지면서 사람들 사이의 교류는 갈수록 메말라 가고 있다. 페이스북과 그 밖의 여러 사회 연결망 서비스는 그들이 주장하는 대로 '만남의 장소'인 것이 아니라 디지털 고독을 가려 주는 가면일 뿐이다. 관계를 맺게 해 주는 알고리즘은 우정이 숫자에 있다고 믿게 만들면서 정서적 사막을 넓히고, 이로써 진짜 인생에서 진짜 친구를 찾으러 가는 일을 포기하게 만든다.

우리는 네트워크에 취해 가상의 친구들과 디지털 환영에 둘러싸인 채, 자기 안으로 계속 더 움츠러드는 모양새다. 우리는 그 어느 때보다 많은 사람과 연결되어 있음에도 그 어느 때보다 혼자인 것이다! 세상은 '오픈 스페이스'가 되었지만, 자기 감시와 더 큰 생산성을 위해 만들어진 이 거짓된 열린 공간에서 사람들은 각자 타인으로부터 스스로를 지키기 위해 애쓰고 있다. 빅데이터 기업들이 우리를 가두어 놓는 고독은 비생산적인 고독이다. 나만의 시간을 가지면서 스스로와 냉철하게 마주하게 하는 것이 아니라, 자기 자신을 잊은 채 인위적인 인기를 좇느라 타인들의 시선에 휘둘리게 만들기 때문이다. 디지털 세계에서는 거울이 깨져 있다. 자기 성찰이라는 말이 뜻하는 그대로의 성찰은 쓸데없고 성가시다 못해 불온하기까지 한 것으로 여겨진다. 디지털 세계가 원하는 행복은 이상도 노력도 고통도 전망도 없는 행복, 니체가 《차라투스트라는 이렇게 말했다》에서 서술한 그런 행복이다.

앞에서 언급했듯이 빅데이터 기업들은 우리가 기억을 외부 장치에 맡기게끔 부추기면서 우리의 기억력까지 빼앗아 간다. 철학자 프랑시스 울프에 따르면 이는 위험한 발상이다. 우리의 기억은 USB 같은 것이 아니기 때문이다. "우리의 기억은 일인칭으로 체험되며, 내가 타인과 관계를 맺는 가운데 그때그때 상황에 따라 소환된다. 기억은 내 안에 있는 것이 아니다. 기억은 내가 현재 체험하는 것에 따라 세상과 맺게 되는 '관계'라는 맥락을 필요로 한다. 내 기억을 다른 환경으로 옮기면 내용은 동일한 것처럼 보여도 더 이상 내 기억이 아니며, 따라서 더 이상 동일한 기억도 아니다."[69] 하지만 빅데이터 기업은 데이터를 안전하게 보관하고 싶다면 스마트폰, 컴퓨터, 태블릿에 들어 있는 모든 것을 네트워크 어딘가에 있는 클라우드에 저장하라고 계속 권한다. 가령 애플의 아이클라우드는 디지털 기억을 서버에 옮겨 놓고 클릭 한 번으로 접근하게 해 주는 서비스를 제공한다. 그래서 이제 우리는 자신의 개인 정보가 어떻게 쓰일지에 대해 제대로 알지도 못한 채 가족, 감정, 금융, 의료 관련 정보와 때로는 매우 사적인 정보까지 남에게 맡겨 놓기에 이르렀다.

컴퓨터 엔지니어이자 신기술의 에이스로 통하는 마이크로소프트의 연구원 고든 벨은 빅데이터 기업이 우리의 기억을 지배하게 될 것을 예고라도 하듯, 동료와 함께 '토털 리콜Totall Recall' 프로젝트에 착수했다. 유명한 공상과학 영화의 제목에서 이름을 딴 프로젝트로, 우리의 모든 기억을 디지털로 저장하겠다는 발상이다. 위치 추적 기술과 주변 곳곳에 설치된 수많은 센서를 이용해 우리가 살아가는 내내 우리의 모든 행동과 행적을 언제든 열람

가능한 개인 자료실에 실시간으로 저장함으로써, 고든 벨이 명명한 대로 '리틀브러더Little Brother'가 우리 대신에 모든 것을 기억해 주는 것이다. 고든 벨은 '25년 지기'인 빌 게이츠가 서문을 써 준 자신의 책《토털 리콜》[70]에서 리틀브러더가 "총체적인 감시 사회의 민주적 발전"에 기여할 수 있을 것이라고 썼다. "거짓말을 아예 할 수 없거나 거의 할 수 없게 될 것이기 때문"이다. "내가 내 디지털 기억을 이용해 어떤 일에 대해 당신을 비난하면, 당신도 내 행동을 기억에 저장해 뒀다가 나를 비난할 때 써먹으면 된다"는 게 그의 설명이다. 공상과학 소설 속의 이야기가 아니다. 구글 맵스는 사용자가 자신의 몇 년간의 이동 내역을 조회할 수 있는 서비스를 이미 제공하고 있으며, 구글 뷰를 이용하면 그 여정을 영상으로 되짚어볼 수도 있다. "타임라인으로 당신이 몇 년 몇 월 며칠에 갔던 장소에 대한 기억을 되살려 보라"고 제안하는 구글은 가령 나쁜 기억과 관계된 날짜의 기록은 선택적으로 삭제할 수 있는 기능도 미리 마련해 두었다. 개인 비서 서비스인 구글 나우는 사용자의 일정과 인터넷 검색 내역을 분석해 그날그날 잡혀 있는 약속과 챙겨야 할 기념일 등을 알려 준다.

아이러니한 사실은 우리가 기억을 그런 식으로 외부에 맡기면 기억력이 떨어질 우려가 있다는 것이다. 미국 심리학자들이 여러 연구를 통해 밝혀냈듯이, 우리의 뇌는 정보가 다른 어딘가에 저장되어 있음을 알게 되면 더 이상 그 정보를 기억하려고 애쓰지 않는다. 그 같은 노력을 불필요한 것으로 간주하기 때문이다. 그럼에도 디지털 대기업은 우리에게 디지털 기억을 꼭 필요한 서비스인 것처럼 소개할 것이다. 특히 알츠하이머병 때문에 불안해하는 고령 인구를 대상으로 말이다. 언젠가는 우리의 불행한 기억을 매트릭스에서 삭제해 주는 서비스, 나아가 그 기억을 행복한 기억으로 바꾸어 주는 서비스도 나오지 않을까? 위즈덤 2.0은 우리에게 이미 그처럼 완벽한 행복을 약속하고 있다. '참선'을 권장하는 이 사이비 불교 철학에서는 분노, 갈등, 저항심을 유해한 것이자 평안에 방해가 되는 걸림돌로 보기 때문이다. 이에 대해 자크 엘륄은 《기술의 허세Le Bluff technologique》[71]에서 다음처럼 해석했다. "목표는 무엇보다도 갈등을 없애는 데 있다. 개인이 마음속에서 자기 자신과 갖는 갈등도, 가까운 사람들과의 사이에서 겪는 갈등도, 직장이나 정치 당국 때문에 생기는 갈등도 모두 없애는 것이다." 이는 고대 그리스인의 시각과는 정반대되는 것이다. 이들은 갈등을 자신의 진가를 발휘하고, 자신의 한계와 저항력을 시험하고, 자신의 용기를 확인하는 기회로 보았다. 인간은 자기 자신이나 타인과 마주하고 대결해야 성장할 수 있기 때문이다. 결국 위즈덤 2.0은 모든 저항 욕구의 싹을 잘라 버리는 법을 알려 주는 프로그램인 셈이다.

빅데이터의 시대가 도래하기 30년 전, 미국의 로버트 맥브라이드는 《자동화 국가The Automated State》[72]라는 책에서 "모든 것이 철저하게 기록되고 면밀히 연구되는" 사회를 상상하면서 다음과 같은 결론을 내렸다. "그러한 미래에는 자신의 역할을 선선히 유연하게 받아들이고 그 역할에 제공되는 것을 최대한 활용하는 태도가 교양과 능력의 표시가 될 것이다."

오디세우스의 귀환

인간에게는 접속을 끊을 권리가 필요하다

"그들은 자각하기 전에는 반란을 일으키지 않을 것이고, 반란을 일으키기 전에는 자각하지 못할 것이다."

_조지 오웰, 《1984》

2012년 9월 12일, 미국 댈러스의 한 아파트에 FBI가 들이닥쳤다. 6분간의 강압적 수색이 이루어지는 가운데, 그 소리는 당시 켜져 있던 웹캠 마이크에 의해 녹음되었다. FBI 요원들은 아파트를 샅샅이 뒤져 모든 컴퓨터 기기를 압수했고, 집주인인 미국 기자 배럿 브라운을 체포해 수갑을 채웠다. 그리고 28개월 뒤, 브라운은 징역 5년 3개월과 손해 배상 89만 달러를 선고받는다. 그는 검거된 이후 텍사스 연방 교도소에 수감되었다. 배럿 브라운은 무슨 죄를 지었을까? 사설 보안업체 스트랫포와 미국 정부 기관 사이의 수상쩍은 관계를 파헤치기 위해 스트랫포 서버의 해킹을 사주했다는 게 그의 죄목이다.

국제 해커 단체 어나니머스의 해커들이 위키리크스에 넘긴 500만 통의 메일 가운데는 '납치와 암살 시기에 관한 논의'가 담긴 것도 있었다. 브라운은 프리랜서 탐사 보도 기자로 활동하면서 특히 《가디언The Guardian》과 《배니티 페어Vanity Fair》에 기고해 왔으며, FBI에 체포되기 얼마 전부터는 일부 민간 기업이 디지털 감시와 관련해 미국 정부와 맺은 계약에 관한 조사를 목적으로 싱크 탱크 프로젝트를 검토하고 있었다. 어나니머스의 지지자로서, 어나니머스의 돈줄을 끊으려는 비밀 계획을 폭로하는 데도 일조한 바 있다. 브라운은 스트랫포 서버의 해킹에 공모한 일과 가택 수색 때 노트북을 숨겨 공무 집행을 방해한 일에 더해, FBI 요원에게 협박성 발언을 한 것 때문에 죄가 더 무거워졌다. FBI 요원이 그의 어머니를 뒷조사하고 수사에 협조하도록 괴롭혔다는 게 브라운의 주장이다.

빅데이터 기업과 안보기관은 해커를 '제1의 공공의 적'으로 여긴다. 미 정보기관의 민간인 사찰을 폭로한 에드워드 스노든과 위키리크스를 만든 줄리언 어산지는 모두 매국노로 지목되면서 자국을 떠나야 했다. 그리고 미 해군으로 복무하면서 외교 및 군사 기밀 문서 70만 건을 위키리크스에 넘긴 브래들리 매닝은 징역 35년을 선고받고 미시시피 교도소에 수감되었다. 그는 오바마 대통령에게 관용을 청하는 편지를 보내며 다음과 같이 쓴 바 있다. "만약 저의 사면 청원을 거부하신다면, 자유로운 사회에서 살기 위해서는 때때로 무거운 대가를 치러야 한다는 사실을 되새기면서 시간을 보내겠습니다."[*] 빅데이터 기업들의 침입적이고 불투명한 상업 모델에 처음 반기를 든 것도 무정부주의 해커 단체가 아니던가? 이 해커들은 마이크로소프트나 애플의 '폐쇄형' 소프트웨어와는 반대로 무료로 공유할 수 있는 '개방형' 소프트웨어를 개발해서 배포하고, 이미 상품화된 소프트웨어와는 다른 소프트웨어를 만들거나 다른 사용법을 제안하고, 감시 시스템을 속일 수 있는 익명 프로그램과 암호화 기술을 인터넷에 유포하는 등의 활동을 벌인다. 디지털 기술에 정통한 철학자 에리크 사댕은 해커에 대해 이렇게 말했다. "우리는 해커들이 그들에게 부여된 왜곡된 이미지와는 달리 미래의 행동 방식에 영감을 줄 수 있는 현실적인 저항 형태에 해당한다는 사실을 이제야 겨우 알아 가고 있는 것 같다."

정보기관과 인터넷 대기업들은 악의적 목적으로 해킹을 시도하는 크래커cracker, 전화를 불법적으로 사용하는 프리커phreaker, 은행 관련 데이터를 훔쳐 되파는 카더carder를 내부 고발자에게 협력하는 시빅해커civic hacker와 한통속으로 묶으면서 해커를 악마

---

[*]　　성 정체성 문제를 안고 있던 브래들리 매닝은 수감 중 법적 투쟁을 통해 '첼시 매닝'으로의 개명과 호르몬 치료를 허가받았다. 이후 오바마의 사면 조치로 감형되어 2017년 5월에 석방되었다.

취급한다. 전통적인 언론과 달리 통제하기 힘들고 여론도 어지럽히는 자유주의 해커들은 정보기관과 빅데이터 기업 사이의 협정에 방해가 되는 눈엣가시 같은 존재다. 그래서 정보기관은 엄청난 징역형으로 협박하면서 해커들의 변절을 유도한다. 배럿 브라운의 경우 처음에는 징역 105년이 구형되지 않았던가? FBI가 어나니머스의 '핵티비스트hacktivist*'를 검거해 스트랫포 메일 해킹 혐의로 10년의 징역형을 받게 할 수 있었던 것도 변절한 어느 해커 덕분이었다.

　일반적으로 사람들은 해커를 과거에 위조 화폐를 만들어 국가에 해를 끼쳤던 위폐범처럼 취급하면서 대놓고 지탄한다. 하지만 사실 해커는 시민이 매트릭스에 대한 주도권을 되찾기 위해서는 꼭 필요한 존재다. 이 사회의 블랙박스를 열어서 기계 장치의 톱니바퀴를 이해하고, 디지털 세계에서 자신을 지킬 수 있는 방법을 다른 이들에게 알려 줄 수 있는 사람은 사실상 해커밖에 없다. 임시 메일 계정을 사용하고, 익명 브라우징이나 암호화를 위한 도구를 쓰고, 이른바 '발자국 얕게 남기기light footprint' 전략으로 노출을 피하면서 총체적 감시에서 벗어나는 것 같은 방법 말이다. 온라인에서 익명성을 유지할 수 있게 해 주는 가장 유명한 소프트웨어인 '토어'는 아이러니하게도 1990년대 중반에 미 해군 연구소

---

* 　'해커'와 '액티비스트'의 합성어로, 해킹을 투쟁 수단으로 사용하는 새로운 형태의 행동주의자를 말한다.

에서 탄생했다. 미국의 정보를 보호하기 위해서 인터넷 접속에 대한 추적을 피할 수 있는 시스템을 갖추려는 게 목적이었다. 미군이 토어에 대한 추가적 개발을 중단한 뒤에는 인터넷상에서의 자유를 옹호하는 전자프런티어재단Electronic Frontier Foundation이라는 단체가 바통을 넘겨받았고, 이후 조금씩 개발자에게서 멀어진 토어는 이제는 미군과는 상관없는 소프트웨어가 되었다. 현재 토어 네트워크는 해당 분야를 잘 아는 자원봉사자들에 의해 운영되면서 무료로 제공되고 있으며, 200만 명이 넘는 네티즌이 이를 사용하고 있다. 토어는 인터넷 접속 내역과 접속 장소를 숨겨 익명성을 보장해 줄 뿐만 아니라, 검색 엔진에 노출되지 않도록 숨겨진 딥웹Deep Web으로 들어가는 입구도 제공한다. 토어를 통해 접근할 수 있는 숨겨진 서버는 3만 개에 이르는 것으로 추산된다.

의사 표현의 자유에 대한 권리를 보호·증진하는 일을 담당하는 유엔 특별보고관 데이비드 케이는 2015년에 발표한 한 보고서에서 다음처럼 강조했다. "암호화와 익명성은 개인과 집단에게 온라인에서 의견과 표현의 자유를 행사하고 임의적이거나 불법적인 간섭과 공격으로부터 보호받을 수 있는 프라이버시 영역을 제공한다. …… 정부가 필터링 같은 기술을 통해 불법적인 검열을 하는 경우, 암호화와 익명성을 이용하면 그 같은 장벽을 피해 공권력의 침해를 받는 일 없이 정보에 접근할 수 있다." 따라서 데이비드 케이는 정부가 "암호화와 익명성의 도구에 대한 권리를 보호하고 장려하도록" 권고한다. 그리고 "이를 제한하는 사항은 사례별로 그 제한 목적의 합법성·필요성·비례성·정당성을 기준으로 채택해야 하고, 모든 특수한 제한은 법원의 결정에 의해 이루어져야 하며, 공교육을 통해 온라인에서의 보안 및 프라이버시를 증진해야 한다"고 주장한다.[73]

딥웹 사용자들의 신원을 알아내느라 애를 먹는 정보기관의 의견은 물론 이와 다르다. 미 국방부는 웹에 대한 지배력을 되찾기 위해서 숨겨진 인터넷을 파헤칠 수 있는 도구를 개발해 왔다. 가령 이미 1000만 내지 2000만 달러의 개발 비용이 들어간 메멕스라는 검색 엔진은 딥웹 접속 흔적과 위장 웹사이트를 찾아내고, 위장 사이트들 사이의 관계를 밝히고, 눈에 보이는 '표층 웹' 상의 정보에 연결된 데이터를 추적하는 작업에 쓰인다. "대부분의 사람은 선한 이유로 인터넷을 사용한다. 하지만 기생충 같은 자들도 있으며, 우리는 그들이 인터넷을 악용하는 일을 막으려는 것이다." DARPA 정보혁신실 책임자의 설명이다.[74] 정보기관과 빅데이터 기업은 '다크넷'으로도 불리는 딥웹을 암거래상, 소아성애자, 테러범이 활개 치는 악행의 온상으로 취급한다. 그 같은 일탈을 부각해 딥웹의 또 다른 용도를 못 보게 가리려는 목적이다. 사실 대다수 사용자에게 딥웹은 자신의 사생활을 보호하고 다국적 디지털 기업에 개인 정보를 빼앗기지 않기 위한 수단일 뿐이나. 실제로 우리가 어떤 웹사이트를 둘러볼 때 우리는 평균 아홉 개의 다른 상업적 사이트의 관찰 대상이 된다. 그 사이트들이 스파이웨어를 이용해 우리도 모르게 우리 정보를 수집해 가는 것이다. 또한 딥웹은 인권 운동가나 내부 고발자, 반체제 인사, 기자들이 검열을 피하고 매트릭스에 의한 총체적 감시에서 벗어나기 위한 용도로도 쓰인다. 초기 기독교인들이 로마 제국의 박해를 피해 은신해 있었던 카타콤의 디지털 버전인 셈이다. 프랑스 국민의회 의장을 역임한 고故 레몽 포르니는 이 같은 현상을 다음과 같이 예고했다. "민주 국가에는 부정행위가 가능한 공간이 남아 있을 필요가 있다고 생각한다. 전쟁 중에 가짜 신분증을 만들 수 없었다면 수만 명이 잡히고 강제 수용되어 목숨을 잃었을 것이다." CNIL(Commission Nationale de l'Informatique et des Libertés, 프랑스개인정보보호위원회)의 부회장을 지낸 인물이자 프랑스 개인정보보호법의 창시자이기도 한 포르니는 "진정한 민주주의가 존재하기 위한 최소한의 공간을 남겨 두는 것에 전적으로 찬성한다"고 말했다.[75]

어떻게 해야 시민이 다시 무게 중심이 될 수 있을까? 이를 위해서는 0과 1의 지배와 현재의 순간으로만 압축된 가속화된 시간에서 벗어나야 한다. 원심분리기처럼 우리를 빠르게 돌려 탈수

시키는 현재주의에서 벗어나, 여행에서 돌아온 오디세우스처럼 자기 정체성을 되찾아야 하는 것이다. 그리스의 영웅 오디세우스는 자신이 태어난 이타카 섬으로 돌아와 여행을 끝내면서 자기 이름을 되찾았다. 우리는 멈추어진 시간 속에서만 스스로를 알고 성장시킬 수 있으며, 따라서 접속을 끊을 수 있는 시간은 꼭 필요하다. 그리고 이로써 빅마더의 부드러운 독재를 벗어나야 한다. 변수가 정해진 계산된 세계에서 인간의 불완전성과 예측 불가능성을 주장해야 한다. 빅마더에게 저항하는 것은 고대 그리스의 작품들이 싹틔운 정신, 즉 빅데이터 기업이 구시대적인 것으로 치부하는 보편적이고 기본적인 가치로 돌아가는 것이기도 하다. "그 어느 때보다도 그 작품들이 많이 읽혀야 한다. 그 작품들에 담긴 힘은 지금도 여전히 필요하다. 갈등과 불안, 메시지와 이미지로 가득한 복잡한 세상에서 인간 경험의 그 거대한 보고를 참고해야 할 순간이 점점 많아지고 있기 때문이다. 그런데 그 작품들이 가장 필요한 이 시점에 우리는 그것들을 곁에 두지 못하고 있다." 철학자 로제 폴 드루아의 걱정 섞인 말이다.

비판력을 키우려면 고대 그리스의 사고방식이 필요하다. 자기 자신과 마주하기를 받아들이고, 우리를 환영에 사로잡혀 있게 만드는 디지털 동굴에서 도망칠 용기와 통찰력을 주는 반체제적 고독을 감수해야 한다. 오디세우스도 스스로를 돛대에 결박해 세이

렌의 노랫소리를 이겨 냈다. 골치가 아프더라도 "왜"라는 문제 제기를 통해 자신의 삶에 다시 의미를 부여하고, 기계가 강요하는 기술 해법주의의 실리주의적 논리에 반기를 들어야 한다. 우리 인격의 주춧돌인 기억의 일부를 매트릭스에 내맡기지 말아야 한다. 《일리아스》와 《오디세이아》가 시詩의 형태로 된 것은 우연이 아닐 것이다. 시민의 기본 교육에 필요한 이 작품들은 그 덕분에 낭송될 수 있었고, 따라서 더 잘 기억되어 모두의 머릿속에 새겨질 수 있었다. 세상에 대해 비판적 시각을 갖는 것, 이는 자신만의 차별화된 점을 키워 획일화에 맞설 수 있는 길이기도 하다. 세계화에 취한 빅데이터 기업들은 제품과 생활 방식을 획일화하는 것에 더해 사고방식까지 급속도로 획일화하고 있다. 디지털 운하를 통해 지속적이면서도 빠르게 공급되는 정보는 겉으로는 풍부한 것처럼 보여도 사실은 제한과 통제 속에서 무한히 복제되고 있을 뿐이다.

인간을 매트릭스의 지배에서 해방시켜 다시 중심에 서게 하고, 인간이 컴퓨터보다 우위에 놓이는 인간적인 민주주의 사회를 재건해야 한다. 이는 우리가 반드시 응해야 할 도전이다. 이미 인터넷상에서는 아파트 단지나 동네를 단위로 독립적인 소규모 공동체 기반의 근접 사회 연결망이 등장하고 있다. 우리가 할 일은 그 연결망으로 새로운 아고라를 만들어 자유롭게 토론하고, 빅데이터 기업이 좋아하는 독점과 개인주의 논리는 들어설 자리가 없는 자발적인 연대의 공간을 꾸려 가는 것이다. 그런 식으로 고대 그리스 도시국가의 정신을 되살리면 된다. 고대 로마 제국의 철학자 세네카가 《마음의 평정에 관하여》에서 한 말을 되새기면서. "어떤 고결한 행동의 여지도 남아 있지 않을 만큼 사방이 꽉 막힌 상황은 없다."

에필로그

디지털 혁명은 현재 진행 중이다. 시공간을 재편성하는 이 혁명은 이제 겨우 시작 단계지만, 인간이 스스로의 본질을 잃은 채 물리적 강압이나 폭력 없이도 완벽하게 통제 가능한 존재가 될 세상에서 우리가 어떻게 살아가게 될지는 이미 충분히 예상할 수 있다. 디지털 혁명에 의한 이 광범위한 변화에서 한 가지 변함없는 부분은 교환의 논리다. 예측 가능성, 안전, 수명 연장을 절대적 투명성, 프라이버시 실종, 자유와 비판력의 상실과 맞바꾸는 형태다.

문명이 수세기 동안 노력했지만 없애지 못한 본능적이고 충동적인 사고방식과 그것의 모든 표출이 마침내 사라지고, 그 같은 무절제가 불러오던 불안과 걱정도 함께 사라지는 것이다. 빅데이터 사회는 스트레스와 폭력이 없는 세상이 되고자 하며, 내일에 대한 두려움을 거부한다. 그리고 그러한 세상에 이르기 위한 도구를 개발해 왔다. 그러나 가장 큰 모순은 그 변화 너머에는 인간의 본능 가운데 하나인 탐욕이 자리하고 있다는 것이다. 소수 개인의 끝없는 욕심, 그 어떤 국가도 생각하지 못한 수준의 제국주의에 선동된 자들의 욕망이다.

이제 내가 아닌 '타인'은 잘해야 거추장스러운 존재이고, 최악의 경우엔 위협으로 간주된다. 그래서 빅마더는 전통적인 대결 방식으로는 다룰 수 없는 새로운 형태의 폭력, 즉 테러리즘으로부터 우리가 벗어날 수 있기를 원한다. 세상은 전체적으로 그 어느 때보다 안전해졌지만, 불안감은 그 어느 때보다 높아졌다. 특히 계속해서 정보를 쏟아 내는 인터넷 덕분에 세계적으로 불안 분위기가 조성되고 있으며, 일종의 리얼리티 픽션 같은 세계의 모습에 사람들은 빅데이터 기업과 정보기관 사이의 동맹을 정당화하면서 인류를 유례없는 감시 속에 몰아넣고 있다. 최악은 아직 멀었다. 개인에 대한 감시 체제는 돌이킬 수 없으며, 어떤 법이나 규제로도 그것을 저지할 수 없을 것이다. 빅데이터 기업들과 그들의 동맹은 겉으로는 물러나는 척했다가도 기술의 도움으로 곧 다시 시작할 것이고, 입법자들은 진짜 쟁점을 이해할 만한 지식이 없는 데다 더딘 정치적 시간에 익숙한 까닭에 현기증 나는 기술의 발전 속도와 복잡성을 따라가지 못할 것이기 때문이다. 공상과학 소설 작가들이 과격한 형태로 누누이 예고한 초국가적 권력은 새로운 문화와 함께 소리 없이 자리를 잡고 있다. 무료 서비스가 이례적인 것이 아니라 기본적인 혜택으로 주어지고, 일은 높은 보수를 받는 엘리트들만 하고, 로봇에 밀려 일자리에서 쫓겨난 대다수 사람들은 지속적인 접속에 대한 대가로 받는 기본 소득으로 적당히 공허하게 살아가는 식이다. 이러한 자유 없는 개인주의는 현실에 대한 지각 상실을 유발하는 권태와 초조의 문화를 예고한다.

빅데이터의 지배자들, 만족을 모르는 이 청교도들의 다음 목표는 신神이다. 구글의 당면 과제 중 하나인 수명 연장은 돈 많은 자들, 즉 보통 사람들이 범죄 예방 기술의 도움을 받으며 살아가는 도시의 인구 밀집 지역으로부터 멀리 떨어진 환경 보존 구역에 거주하는 자들만의 일이 되겠지만 말이다. 현재 사람들이 말하는 대로의 증강 인간 내지 강화 인간은 앞으로 이루어질 대대적 변화를 향한 하나의 단계에 불과한지도 모른다. 인터넷의 창시자인 빈턴 서프의 표현대로 프라이버시가 이례적인 것에 지나지 않는다면, 생물이 이례적인 것으로 여겨지는 날도 분명 올 것이다. 인간과 기계를 융합하겠다는 빅데이터 기업들의 꿈은 실제로 잘 진행되고 있다. 인공지능의 발전과 더불어 우리 몸을 완벽하고 영구적인 기계로 이루어진 육체로 바꾸고, 우리가 살아가는 동안 수집한 수십억 데이터를 이용해 우리의 정체성을 유지하게 되는 날이 오지 말란 법도 없다. 그렇게 되면 우리는 노예 상태까지는 아니더라도 영원히 통제 상태에 놓이게 될 것이다.

디지털 세계를 지배하는 자들의 교만은 그들이 가진 창의력과 재력만큼이나 끝이 없다. 인류 역사에서 이토록 소수의 개인이 자신들의 법칙을 이토록 많은 이에게 강요한 적은 없었다. 그들에게 맞설 세력이 없다는 점에서 그 같은 미래는 불가피해 보인다. 민주주의의 탄생을 지켜본 유럽에서 당장의 문제는 빅데이터 기업들에 대항하는 것이 아니라 어떻게 하면 그들을 따라잡을 수 있는가 하는 것이다. 하지만 구글은 결코 따라잡히지 않을 것이며, 애플이나 아마존도 마찬가지다. 이 기업들은 그간 수집해 둔 데이터 덕분에 이미 경쟁을 초월한 존재가 되었다.

유럽은 미 정보기관과 디지털 기업들의 결합으로 탄생한 새로운 변종적 권력 앞에서 과장된 몸짓을 해 보이고 있지만, 사실은 벌써 체념하고 무조건적인 충성을 바쳐 왔다. 미래에는 우리의 모든 게 인터넷의 포로가 될 것이다. 건강, 보험, 세금, 은행 계좌……. 철학자 발터 베냐민은 이렇게 말했다. "일이 흘러가는 대로 두는 것, 바로 이것이 재앙이다." 물론 최악은 아직 멀었다. 그러나 한 가지 확실한 사실은 저항하기가 갈수록 어려워지리라는 것이다. 저항하려면 사회에서 소외되는 것을 받아들이고, 초연결 사회를 의심하고, 빠르게 돌아가는 시간에서 벗어나야 하기 때문이다.

저항을 위한 방어벽을 만들고 파수꾼 역할을 해야 할 지식인

들조차 무슨 일이 일어나고 있는지 전혀 혹은 거의 알아채지 못했다. 그들 역시 기술석 혁명에 매료되고 휩쓸린 까닭일 것이다. 빅데이터 기업들은 경계도 국가도 없는 자유지상주의를 지향하며, 인간의 주권을 옹호하는 사상은 모두 구시대적인 것으로 간주한다. 따라서 저항 행위를 통해 인간을 다시 무대 중심에 세워야 한다. 인간의 감성, 직관, 지성, 생존력을 보호해야 한다. 그러한 조건에서만 우리의 인간성을 0과 1의 세계에서 지켜 낼 수 있다. 그렇게 하지 못하면 우리는 영영 벌거벗겨진 채로 살아가게 될 것이다. 그 벌거벗겨짐이 유발하는 감정을 해방감으로 착각하면서……. 세상의 새로운 지배자들이 제안하는 혜택은 너무 매력적이며, 자유의 상실은 너무 만연해서 이제 사람들은 그에 저항할 방법이 있어도 저항할 생각을 하지 않는다. 그러나 자유를 되찾고 싶다면 빅데이터 기업들의 말을 그대로 믿어선 안 된다. 반대로, 자유가 꼭 필요한 것이 아님을 인류에게 설득하고 싶다면 그들을 얼마든지 믿어도 좋다.

미주

1   AFP, 2015. 11. 19.

2   "Making Sense of Big Data", Association Technion France symposium, 2014. 12. 15. Maison de la Chimie.

3   13개 서버가 세계 인터넷 사이트의 가명에 해당하는 도메인 네임을 관리한다.

4   http://works.bepress.com/antoinette_rouvroy

5   *Beaux Arts magazine*, no.372, 2015. 6.

6   '2.0'이라는 표현은 웹 기술 발전에서 두 번째 단계임을 상징하며, 같은 식으로 다음 단계는 '3.0' 등등으로 계속 이어진다.[*]

7   Eric Schmidt & Jared Cohen, Denoël, 2013.

8   Frank Pasquale, *The Black Box Society*, Harvard University Press, 2015.

---

[*] 웹 1.0은 사용자에게 일방적으로 정보를 제공하는 웹 기술, 웹 2.0은 사용자가 직접 콘텐츠를 생산하고 공유할 수 있게 해 주는 웹 기술, 웹 3.0은 사용자에게 맞춤형 서비스를 제공하는 인공지능형 웹 기술을 뜻한다.

9   Sherry Turkle, *Alone Together*, MIT Press, 2011.

10 Flammarion, 2003.

11 "Cyberattaques: 'Beaucoup de pays se font passer pour des Chinois'", *Libération*, 2015. 9. 22.

12 인터뷰, 2015. 11. 13.

13 Stock, 2014.

14 *Les Échos*, 2015. 10. 30.

15 "Nous sommes les cousins des papillons", *Le Point*, 2014. 11. 1.

16 좌담: "Loi sur le renseignement: les bugs du big data", *Libé-ration*, 2015. 4. 14.

17 "GCHQ captured emails of journalists from top international media", *The Guardian*, 2015. 1. 19.

18 Jean-Claude Cousseran & Philippe Hayez, *Renseigner les dé-mocraties, renseigner en démocratie*, Odile Jacob, 2015.

19 *Renseigner les démocraties*, op. cit.

20 "Making sense of Big Data", op. cit.

21 R. Epstein & R. Robertson, "The search engine manipulation effect and its possible impact on the outcomes of elections", PNAS, 2015. 8.

22 FYP éditions, 2014.

23 *Le Monde diplomatique*, 2014. 1.

24 BFM Business TV, 2015. 1. 21.

25 *L'Obs*, 2015. 4. 23.

26　C&F Éditions, 2013.

27　Oxfam, 2014.

28　*The Black Box Society*, op. cit.

29　"Steve Jobs was a low-tech parent", *New York Times*, 2014. 9. 10.

30　"Les tablettes, à éloigner des enfants", *Le Monde*, 2015. 9. 16.

31　Robert Laffont, 2011.

32　Monique Atlan & Roger-Pol Droit, *Humain: Une enquête philosophique sur ces révolutions qui changent nos vies*, Flammarion, 2012.

33　*Ibrain: Surviving the Technological Alteration of the Modern Mind*, HarperCollins, 2008.

34　"Technology and Informal Education: What is Taught, What is Learned", *Science*, 2009. 1. 2.

35　"Le nouvel âge de l'automatisation", *Les Entretiens du nouveau monde industriel*, 2013. 12.

36　L'Échappée, 2012.

37　*La Vie algorithmique: Critique de la raison numérique*, L'Échappée, 2015.

38　"Les humanités au péril d'un monde numérique", *Le Figaro*, 2015. 3. 31.

39　Roger-Pol Droit, *Vivre aujourd'hui: Avec Socrate, Épicure, Sénèque et tous les autres*, Odile Jacob, 2010.

40 *L'Empire cybernétique: Des machines à penser à la pensée machine*, Seuil, 2004.

41 *La Vie algorithmique*, op. cit.

42 "La grande misère des doctorants", Lepoint.fr, 2015. 8. 30.

43 Seuil, 2013.

44 *Le Terrorisme intellectuel*, Perrin, 2000.

45 Monique Atlan & Roger-Pol Droit, *Humain*, op. cit.

46 "La démocratie dans les bras de Big Brother", *Le Monde*, 2015. 6. 6.

47 *La philosophie ne fait pas le bonheur⋯⋯ et c'est tant mieux*, Flammarion, 2015.

48 La Découverte, 2014.

49 "Google et les transhumanistes", *Le Monde*, 2013. 4. 18.

50 "La médecine du futur, c'est le suivi continu des données du patient", *Le Monde*, 2015. 4. 25.

51 "La science est sur le point d'engendrer une catastrophe", *Le Point*, 2013. 12. 19.

52 Jean-Luc Porquet, *Jacques Ellul, l'homme qui avait (presque) tout prévu*, Cherche-Midi, 2012.

53 "La science est sur le point d'engendrer une catastrophe", op. cit.

54 Ariel Kyrou, *Google God Big Brother n'existe pas, il est partout*, Inculte, 2010.

55 *La Fin de l'homme: Les conséquences de la révolution biotechnique*, La Table Ronde, 2002.

56 좌담: "Faut-il avoir peur de l'intelligence artificielle", *Le Point*, 2014. 12. 19.

57 *Le monde est clos et le désir infini*, Albin Michel, 2015.

58 *The New Digital Age*, op. cit.

59 "Quelle intelligence pour l'humanité?", *Le Monde*, 2015. 4. 13.

60 Twitter, 2014. 8. 3.

61 René Frydman & Muriel Flis-Trèves, *Mesure et démesure······ Peut-on vivre sans limites?*, PUF, 2015. 1.

62 인용: Monique Atlan & Roger-Pol Droit, *Humain*, op. cit.

63 "La sécurité engendre plus la peur que l'inverse", *Libération*, 2015. 9. 15.

64 "L'inconscient et le corps parlant. Le réel mis à jour au XXIᵉ siècle", conférence à l'Association mondiale de psychanalyse, Paris, 2014. 4. 17.

65 *La philosophie ne fait pas le bonheur*, op. cit.

66 Monique Atlan & Roger-Pol Droit, *Humain*, op. cit.

67 Hartmut Rosa, *Accélération: Une critique sociale du temps*, La Découverte, 2010.

68 Ben Mezrich, *The Accidental Billionaires*, Doubleday, 2009.

69 "Notre mémoire n'est pas une clé USB", *Philosophie magazine*, 2014. 10.

70 Flammarion, 2011.

71 Pluriel, 2012.

72 Chilton Book Co, 1967.

73 "Report on the promotion and protection of the right to freedom of opinion and expression", UN, 2015. 5. 22.

74 "Un moteur de recherche pour explorer la face cachée du Web", *Le Figaro*, 2015. 2. 12.

75 Martin Untersinger, *Anonymat sur Internet: Protéger sa vie privée*, Eyrolles, 2014.